DU DÉSIR AU PLAISIR SEXUEL

Dans la même collection

Docteur Christophe Marx

DU DÉSIR AU PLAISIR SEXUEL

EYROLLES

Éditions Eyrolles
61, bd Saint-Germain
75240 Paris Cedex 05
www.editions-eyrolles.com

Mise en pages : Istria

ISBN : 978-2-212-55969-9

SOMMAIRE

Introduction **11**

Partie 1 La quête de sens **13**

Chapitre 1 La sexualité, bonheur ou galère ? **15**

« Il n'y a pas de rapport sexuel » 15

Attention, danger de mort ! *16*

La dimension sexuelle de la relation 17

Les relations sans passage à l'acte *17*

Un acte aux multiples facettes *18*

Des responsabilités *19*

Sexualité et passage à l'acte 20

Les stades de développement 21

Stade fusionnel *22*

Stade narcissique *22*

Stade œdipien *23*

Deux caméras, un événement 24

L'univers des fantasmes 25

Faire l'amour ou la guerre ? 27

Amour et parité *27*

Un carrefour de vie et de mort *28*

Chapitre 2 Permission et protection **31**

A-t-on le droit de tout faire ? 31

Fonctions parentales *31*

Limites *32*

Les limites de la sexualité 33

La société *33*

La culture *34*

Faire l'amour... pas facile pour les femmes ! 38

L'importance des permissions 39

Qui donne les permissions ? *39*

Sexualité féminine et permissions 40

Chapitre 3 Le paradoxe du désir 43

Le partage affectif 43

L'exclusivité 43

La blessure narcissique 44

Amour et désir 45

Frustration et patience 46

L'espace moiré du désir 47

Un désir imprévisible 47

Le désir est désirable 48

Désir, besoin et envie 49

Le besoin 49

L'envie 50

Le désir : impossible appropriation 50

Le désir qui toujours échappe... 51

Un désir « incommandable » 52

Un désir naturel archaïque 53

Le désir à flux tendu 54

Jalousie et rivalité 55

L'envie 55

La jalousie 56

Montrer sa limite 58

La rivalité 60

Partie 2 Détresses et obstacles à l'épanouissement 63

Chapitre 4 Les obstacles au plaisir féminin 65

Faire l'amour sans désir 65

Une libido en baisse 65

Les dégâts sur l'estime de soi 66

Le problème peut en cacher un autre 68

Ce qui fait « tomber » le désir 70

Drogues et médicaments 70

Souffrance et peur de la souffrance 71

Éducation et préjugés 71

Des désirs décalés 75

Parité et parentalité 76
La baisse de libido n'est pas une maladie 77
Faire l'amour sans plaisir 78
À la recherche de l'orgasme perdu 78
Une question de savoir-faire 79
Une question de pudeur 80
Une question d'image 81
Une question de partage 84
Une question de sens 85

Chapitre 5 Être un homme… « à la hauteur » ? 89
Tout sauf les décevoir 89
Les parents et la maîtresse 89
Le baptême du feu… amoureux 90
Garde à vous ! 91
Des difficultés variées 92
L'éjaculation prématurée 92
Les problèmes d'érection 94
Les origines des difficultés 101
« Alors, heureuse ? » 102
Apprendre à se contrôler ? 105
« Elle serait trop contente » 106
Les pièges de l'éjaculation 109
Nature et perception 110
Trop rapide pour qui ? 111
Trop d'excitation ? 113
La crainte de l'échec met en échec 116
Le rapport à la mère 117
Gagner l'autonomie 117
Les mères font des garçons magnifiques 117
Choisir entre mère et compagne 118

Chapitre 6 Bonnes et mauvaises solutions pour les hommes 123
L'éjaculation rapide 124
Ce qui ne marche pas 124
Ce qui peut marcher 125
Les difficultés d'érection 128

Ce qui ne marche pas *128*
Ce qui peut marcher *129*

Partie 3 La sexualité en perspective 133

Chapitre 7 L'aspect psychologique 135
La liberté à tout prix ? 135
Explorations *135*
La nécessité des repères *136*
Quelques troubles psychiques 137
Dépression : l'appétit disparaît *138*
La personnalité évitante *139*
La personnalité coupée (ou clivée) *139*
La « parano » *140*
L'hystérie *141*
Les interdits judéo-chrétiens 142
La fameuse morale *142*
Les autres religions *144*
Une série de malentendus *144*
L'intérêt des interdits *146*
La Bible parle du sexe *147*
Psychothérapie et sexologie 149
Un peu de recul… et de hauteur ! *149*

Chapitre 8 Apprendre à être et à partager 151
Le creux et le saillant 151
Le contact dans la différence *151*
Une indispensable altérité *152*
Les différences complémentaires *153*
Réunion et fécondité *154*
Les stades de développement du couple 155
La croissance de l'enfant *156*
L'évolution du couple *157*

Chapitre 9 Être différents et rester ensemble 161
Une découverte permanente 161
Le désir peut-il durer ? *161*

Au début, ensuite, et encore ensuite ! *162*
L'émerveillement initial *164*
Le mythe de l'usure du désir 165
Combattre la routine *165*
Un coup de canif dans le contrat ? *167*
Le *rapport* sexuel 169
La particule élémentaire de la sexualité *169*
La célébration de la différence *170*
Un flux perpétuel *170*
Les symboles 171
La fécondité 172
Pas uniquement reproductive *172*
À l'écoute du corps *173*
Le symptôme, avocat de notre fragilité 173

Glossaire 177

Bibliographie 183

INTRODUCTION

Que les dieux m'apportent la force de changer ce qui peut l'être
La patience d'accepter ce qui ne peut être changé
Et la sagesse pour faire la différence.

Héraclite

Les problèmes de sexualité doivent être pris au sérieux, même s'ils prêtent parfois à sourire, car ceux qui en souffrent n'ont pas le cœur à en rire et cacheront leur désarroi plutôt que de risquer la raillerie.

Ce livre s'adresse à tous ceux qui veulent en savoir plus sur les difficultés sexuelles et sur l'état d'esprit qu'il faut pour en sortir. Ni manuel pratique destiné à distribuer des recettes – même si çà et là quelques conseils sont bienvenus – ni catalogue scientifique des causes et des traitements, il intéressera également les conjoints ou partenaires, victimes collatérales et souvent parties prenantes du traitement.

D'autres ouvrages insisteront sur les parties lumineuses, et vous apprendront à vous épanouir chaque jour un peu plus. Ce livre est celui d'un médecin, qui a pour mission de comprendre pour aider et d'agir pour soulager.

L'homosexualité ne sera pas abordée ici en tant que telle ; ce choix n'est aucunement dévalorisant ni discriminant, mais la simple conséquence de contraintes quant à la longueur du texte.

Un autre choix délibéré sera de mettre tous les adjectifs au masculin quand il s'agit de situations « générales » afin de ne pas alourdir la typographie par des « -e » systématiques.

Nous commencerons par un regard circulaire sur la sexualité en général : en quoi le rapport sexuel est-il vraiment un rapport ?

Comment différencier et relier les trois dimensions fondatrices de la sexualité : en vrac, l'érotisme, la relation et la fécondité ?

Puis nous chercherons du sens aux difficultés sexuelles des femmes : que devient la sexualité quand on n'a pas de plaisir, que l'on n'a pas *envie** [1], ou que l'on a mal ?

Avec les hommes, nous irons à la rencontre de ceux qui ont des difficultés d'érection ou d'éjaculation trop rapide. Certes, la médecine technicienne a son mot à dire, surtout pour les troubles de l'érection. Mais dans l'immense majorité des cas, il s'agit de difficultés personnelles qui siègent au cœur de l'intimité de chacun, dans ses fragilités, son histoire, ses traumatismes.

La psychothérapie a une large place dans cette démarche de compréhension et de traitement, à condition d'être fondée sur une théorie rigoureuse et validée.

Enfin, ce livre s'adresse également aux médecins, aux professionnels de la relation d'aide et de soin. Ils y trouveront des repères pour le diagnostic et des pistes pour le traitement.

1. Les termes figurant dans le glossaire sont signalés en italique et par un astérisque à leur première occurence.

PARTIE 1

LA QUÊTE DE SENS

CHAPITRE 1

LA SEXUALITÉ, BONHEUR OU GALÈRE ?

Au programme

- **« Il n'y a pas de rapport sexuel »**
- **La dimension sexuelle de la relation**
- **Sexualité et passage à l'acte**
- **Les stades de développement**
- **Deux caméras, un événement**
- **L'univers des fantasmes**
- **Faire l'amour ou la guerre ?**

« Il n'y a pas de rapport sexuel »

Cette phrase provocatrice de Jacques Lacan semble contredire l'expérience de chacun, mais à la lire de plus près, on y perçoit la finesse de l'analyse.

Le sexe sépare. C'est d'ailleurs l'origine du mot : le sexe « sectionne », c'est-à-dire différencie les mâles et les femelles. Il les met à part, alors qu'un rapport *rapproche*, c'est un pont, un lien, une mise en relation. L'aventure de la sexualité est donc un chemin personnel, et si les êtres sont « en rapport », alors ce n'est pas grâce à leur sexe mais grâce à bien d'autres aptitudes, capacités et ouvertures.

Nul ne peut ressentir la douleur de l'autre. Au pire, il peut ressentir une douleur analogue, mais certainement pas la même. Nul ne peut non plus ressentir la jouissance de l'autre : chacun est seul dans la sensation de sa volupté. Ce n'est pas le sexe qui fait le rapport entre les êtres, mais bien tout ce qu'on met autour, l'idée que l'on s'en fait, les valeurs qu'on fait vivre, la proximité qu'on célèbre, etc.

L'autre, même notre partenaire sexuel, est un étranger. Il n'est pas évident que nous nous accordions à son corps, au grain de sa peau, à son odeur, à ses attentes et à ses goûts. Il ne suffit pas d'avoir du *désir** l'un pour l'autre, il faut aussi « faire avec » son approche de la sexualité. Et cela n'est jamais gagné d'avance.

Notre approche de la sexualité est si imprégnée de notre éducation qu'il nous est très difficile d'envisager sereinement que d'autres puissent avoir des pratiques différentes des nôtres. Nous sommes prompts à juger ou à dévaloriser ceux qui ne font pas comme nous : les homosexuels, les infidèles, ceux qui pratiquent la *sodomie** ou la *fellation**… Paradoxalement, si on est partisan du « tout est permis », on sera choqué par les propos de ceux qui veulent un tant soit peu encadrer les pratiques.

Attention, danger de mort !

Dès l'enfance, nous avons entendu nombre de recommandations visant notre sécurité. Patiemment, sans le savoir vraiment, nous avons mis en place nos repères de vie en fonction de ces bornes. Même si nous en avons contesté certaines, la plupart de ces limites forment le socle de nos jalons. Ainsi, ce n'est pas toujours de gaîté de cœur que nous nous laissons bousculer par la pratique de notre partenaire, d'autant que ces prescriptions et interdictions étaient assorties de menaces de mort – pas forcément de mort physique : on peut aussi mourir de honte, de dégoût… On peut également mourir symboliquement, « à la relation » ou à soi-même. Les psychothérapeutes connaissent bien les séquelles de ce genre de mort.

D'ailleurs, toutes les sociétés ont entretenu le lien entre la sexualité, qu'il fallait bien canaliser, et le sacré. Le sacré a toujours les mêmes caractéristiques : il s'agit de faire face à une force extérieure qui nous dépasse et qui risque de nous détruire.

Or, le désir sexuel peut éventuellement correspondre à cette définition. Il nous est extérieur : il appartient à l'autre, car même lorsqu'il se tapit au plus profond de nous, nous avons du mal à le reconnaître et à l'assumer. Il nous dépasse : il est plus fort que notre volonté, et rares sont ceux qui savent le dominer complètement. Il peut nous détruire : la sexualité sans limites débouche sur le terrain de la rivalité, de la jalousie… Elle fait exploser les équipes ou les couples, provoque vengeance et guerres, participe à mettre au monde des enfants dont les mères sont désespérées et les pères absents.

Il n'est pas possible de banaliser la sexualité pour la faire entrer dans le cadre enfantin de la satisfaction génitale. C'est le tout de l'Homme qui est concerné : sa vie, son histoire et son devenir. Le sujet ne peut pas être anodin.

La dimension sexuelle de la relation

Les relations sans passage à l'acte

Un séducteur aimait à dire : « Je sais quand une femme est à moi. Ce n'est pas quand je l'ai enlacée et que je sens son corps vibrer contre le mien. Ce n'est pas quand je l'ai déshabillée et qu'elle se laisse caresser en soupirant. Ce n'est pas quand nous faisons l'amour et que *l'orgasme** semble la transporter. Non, c'est au moment de notre rencontre, lorsque son regard tout à coup m'a dit oui ! »

Il existe des relations très sexualisées et pourtant sans acte sexuel. Certaines le laissent espérer par des regards, des allusions ou des frôlements. D'autres excluent, pour toujours, de se concrétiser sexuellement. C'est le cas de relations entre collègues, entre amis ou même avec ceux qui ont fait un choix de vie particulier (prêtres, religieux ou religieuses…). Pourtant, même si l'acte sexuel est exclu, *a priori*, chacun reste dans son énergie sexuée d'homme ou de femme. La différence peut continuer d'exister et laisser chacun dans ce face-à-face avec l'autre sexe.

Un acte aux multiples facettes

L'acte sexuel ne se résume pas non plus au *coït**, avec ou sans jouissance féminine. L'orgasme masculin accompagne d'habitude l'éjaculation, mais sans être obligatoire : certains hommes ne ressentent au moment de l'éjaculation qu'une sensation minime, voire rien. Le terme « coït » s'applique également aux animaux, et c'est donc avec réserve que certains sexologues l'appliquent aux êtres humains. En dehors du coït, on peut y inclure :

- les procédures d'approche et de séduction qui précèdent le coït et le rendent possible ;
- les préliminaires, c'est-à-dire les caresses prodiguées par n'importe quelle partie du corps ou avec un objet adéquat (les plumes d'oiseaux sont très appréciées, d'après certains témoignages), qui permettent aux corps de se préparer au coït ;
- les jeux sexuels avec ou sans pénétration comme le *cunnilingus**, la fellation, la sodomie ou les frottements du sexe contre le corps du partenaire ;
- les relations homosexuelles, qui ne peuvent pas répondre à la définition du coït mais qui représentent bien un acte sexuel.

L'acte sexuel est un événement censé apporter des satisfactions dans plusieurs registres :

- voluptueuses (détente, sensualité, orgasme) ;
- érotiques (excitation, fantasmes) ;
- relationnelles (complicité, intimité) ;
- personnelles, pour avoir confiance en soi, en sa capacité de séduction (*renforcement narcissique**), etc.

Des responsabilités

La sexualité se déclinant sous le registre de ces différentes satisfactions, il peut être dommageable d'en oublier et d'attribuer l'exclusivité à l'une d'elles ! Voyons deux exemples, moins caricaturaux qu'il n'y paraît.

Mariette, 49 ans, informaticienne

Pour moi, le sexe, c'est uniquement une façon de recevoir des câlins, d'être dans les bras d'un homme. Ses caresses, je les reçois comme la preuve que je suis importante pour lui à ce moment-là. C'est un peu comme si je redevenais une petite fille dans les bras de son papa : je me sens protégée, je me laisse aller, c'est bon... Évidemment, quand je me rends compte qu'il est excité et qu'il ne pense qu'à mes fesses, ça me refroidit ! Alors je ferme les yeux et je me coupe de lui. Son désir bestial me gêne, donc je ne prends que les sensations qu'il me procure. Je ne ressens jamais d'orgasme dans les bras d'un homme, mais ce n'est pas grave, ce n'est pas cela que je recherche.

Mariette, en installant un tel rapport avec les hommes, prend le risque d'une relation de type père-fille qui peut lui amener nombre de désagréments, entre autres une sensation d'abandon, des déceptions intenses, la réactivation de souvenirs traumatisants.

Jacques, 57 ans, graphiste

Ce qui m'intéresse exclusivement dans le sexe, c'est le sexe ! J'adore être excité, réaliser des fantasmes, jouir quand j'en ai envie. À la limite, si la femme manifeste sa personnalité ou ses limites, ça me gêne. J'ai besoin qu'elle me laisse faire. Évidemment, je conçois qu'elle se sente un peu utilisée, mais, après tout, elle m'utilise aussi à sa manière. Dans le sexe, c'est un peu chacun pour soi, non ?

Jacques n'a pas à renoncer à ses fantasmes érotiques, mais il serait bien avisé de les enrichir en réalisant qu'il est en relation avec des personnes et non avec des objets qu'il peut manipuler à sa guise !

Comme un bouquet qui s'enrichit de la diversité de la couleur, de la forme et de l'odeur de chaque fleur, la sexualité mérite de mettre en valeur toutes ses composantes. Ce tableau attrayant nécessite toutefois quelques précautions, car si l'on n'y prend pas garde, les ennuis guettent. Chacun doit faire face à ses responsabilités :

- éviter les grossesses non désirées ;
- se prémunir contre les maladies sexuellement transmissibles ;
- choisir un partenaire acceptable aux plans psychologique et éthique (récuser la pédophilie, le détournement de mineurs, l'abus sexuel sur personnes handicapées, malades ou influençables, qui ne pourraient ou n'oseraient pas refuser : la sexualité nécessite l'accord valide des partenaires) ;
- assurer la sécurité et le contexte du déroulement de l'acte.

Cette liste peut paraître sévère, mais souvenons-nous des drames qui peuvent survenir lorsque ces principes sont bafoués.

Sexualité et passage à l'acte

Il peut être opportun, dirons-nous avec certains psychanalystes, de faire la différence entre « acte sexuel » et « passage à l'acte sexuel ».

L'*acte sexuel* décrit les comportements, voire les émotions, de ceux qui utilisent leurs zones génitales pour se procurer mutuellement du plaisir. Cette définition exclut donc par exemple la *masturbation** solitaire ou les relations exclusivement sadomasochistes.

Le *passage à l'acte* décrit le comportement d'une personne qui est incapable de verbaliser ou de symboliser sa relation à l'autre et qui va court-circuiter l'aspect relationnel de son *positionnement** pour tenter de le signifier de façon violente ou destructrice. Par exemple, qui ne sait pas dire « Est-ce que tu veux bien te pousser ? » va bousculer l'autre d'un coup d'épaule. Il peut arriver que le passage à l'acte se décline sur un mode sexuel : l'acte sexuel se déroule alors dans un contexte de violence, d'impudeur volontairement choquante, de manipulation ou de chantage.

Marjorie, 56 ans, institutrice

Après cinq ou six ans de mariage, mon mari et moi ne faisions plus l'amour. Nous nous étions installés dans une sorte de routine dénuée de sexualité. On s'embrassait gentiment avant de dormir, c'était comme si on avait perdu le mode d'emploi du sexe. Moi, ça ne me dérangeait pas trop, j'étais très occupée avec mes deux jeunes enfants. Mais je ne me rendais pas compte à quel point mon mari en souffrait. Il ne manifestait rien, ne parlait pas. Bref, il faisait comme si de rien n'était, sauf qu'il accumulait une forte tension à mesure que le temps passait.

Un soir, il est entré dans notre chambre, les mâchoires serrées, l'œil mauvais. Sans dire un mot, malgré mes protestations, il m'a violée ! Notre couple a traversé alors une longue crise, car je n'ai pas accepté qu'il me traite de la sorte.

Je comprends maintenant que nous sommes passés à côté d'une relation plus franche. Si nous nous étions parlé à temps, je crois que tout ceci ne serait pas arrivé.

Marjorie reconnaît qu'il aurait été plus sage de parler avant le drame. Certaines personnes savent mieux que d'autres verbaliser ce qui ne va pas, et ce n'est pas si simple : on hésite toujours à parler à chaud, préférant espérer que les choses s'arrangent… Et quand on se décide à en parler, on se dit que c'est trop tard, c'est du « réchauffé », qu'il faut aller de l'avant et miser sur l'avenir. Résultat, on ne verbalise jamais les problèmes, et les tensions s'accumulent. C'est alors que le passage à l'acte survient. Même s'il n'est pas facile de trouver le bon moment pour parler de ce qui fâche, il est important de se lancer, quitte à assumer qu'il est trop tôt ou trop tard !

Les stades de développement

La place de l'acte sexuel s'inscrit dans un contexte différent suivant le stade de développement des personnes concernées. Chaque partenaire peut être dissemblable de l'autre sur ce point, ce qui complique singulièrement les choses. L'acte sexuel semble pouvoir se décliner en fonction du niveau de « croissance » intérieure.

Stade fusionnel

L'acte sexuel donne l'impression que l'on se fond tout entier dans l'autre, jusqu'à disparaître. Cette sensation est indépendante du fait de pénétrer ou d'être pénétré.

Il existe une peur très ancienne d'être éclaté, explosé, détruit par l'abandon de notre mère. Ici, c'est l'*angoisse de morcellement** qui sera exorcisée, alors qu'il est demandé à l'autre de jouer un rôle de *bonne mère** ; cette « bonne mère » qui ne nous abandonnera pas, qui saura prendre soin de nous, peut être aussi bien un homme qu'une femme !

Le problème vient du fait même de cette fusion : on est mélangé à l'autre, on ne sait plus qui est qui. Cette impression de dépersonnalisation est souvent prise, évidemment à tort, comme une forte expérience mystique, et peut faire, si elle persiste, le lit d'une grande souffrance psychique.

Stade narcissique

Ici, deux séries de questions essentielles se posent.

D'abord, comment articuler ce qui est « bien » avec l'amour dont j'ai besoin ? Si je fais « mal », vais-je être rejeté car je n'ai pas donné satisfaction ? Ne serai-je aimé que si je fais bien ? Si l'autre me propose quelque chose que je considère comme interdit, est-ce parce qu'il ne m'aime pas ?

On constate ici une confusion très dommageable entre ce qui est de l'ordre de la loi (ce qui est bien et mal) et ce qui est de l'ordre de l'amour.

Ensuite, à quelle distance sommes-nous ? Vais-je être envahi ou abandonné ?

La sexualité est alors centrée sur des questions du type :

- c'est tout de suite ou jamais ;
- c'est une divine surprise ou une catastrophe irrécupérable ;

- j'ai un sentiment de toute-puissance, d'invulnérabilité ;
- j'ai un sentiment d'impuissance, d'indignité impardonnable ;
- suis-je un homme ou une femme ?
- suis-je masculin ou féminin ?

C'est à ce stade que l'on croit rendre l'autre heureux, le faire jouir, alors qu'en fait, chacun est responsable de son propre plaisir.

C'est dans ce contexte enfin que les dévalorisations sexuelles peuvent répandre leur venin : « Toutes des salopes ou des frigides », « Tous des salauds, des obsédés, des minables… ».

Stade œdipien

C'est ici que s'ouvre l'accès au symbolique. Les éléments importants de l'existence n'ont pas besoin d'arriver réellement, mais ils peuvent exister en étant évoqués, dessinés ou mimés. L'être humain peut attribuer un sens symbolique à l'eau, au feu, au sang… Il peut élaborer des rituels d'accueil, de rejet ou de purification, mais il ne peut réaliser cela qu'à partir du moment où il est libéré de la nécessité du passage à l'acte concret. Une loi lui aura permis, en interdisant ce qui détruit, de laisser la place à la dimension subtile de l'existence.

C'est dans ce cadre que l'acte sexuel pourra prendre place et envergure, dégagé qu'il sera des limites des stades précédents. Il sera alors possible de mettre chacun, et chaque chose, à sa place :

- les partenaires l'un vis-à-vis de l'autre ;
- le plaisir et l'orgasme, qui sont bienvenus s'ils sont au rendez-vous mais dont l'absence momentanée ne provoquera aucune blessure ;
- les attentes (forcément différentes) de chaque partenaire (forcément différent) qui pourront se juxtaposer ou se superposer dans l'espace et le temps, se potentialiser, se compléter et même être globalement compatibles, dans de très rares cas.

On pourra alors décliner l'acte sexuel à la manière de la symbolique du repas ou de celle du jardin : on n'aborde pas de la même façon un repas d'affaires, un repas familial, un dîner en amoureux ou un pique-nique. De la même façon, on ne ressent pas les mêmes choses dans un jardin à l'anglaise, à la française, de curé, potager ou japonais. Toutes les configurations ne sont pas souhaitables, ni souhaitées par tous, mais l'important est de savoir ce que l'on souhaite et de le vivre pleinement.

Deux caméras, un événement

Lorsque deux caméras sont braquées sur la même scène, elles enregistrent le même événement, mais sous un angle différent. Un observateur attentif pourra repérer les points communs et les différences dues aux angles de vue.

Appliquons cette métaphore à l'acte sexuel. Incontestablement, les partenaires sont les protagonistes d'un même événement. Mais leur vécu est si différent, leurs attentes si dissemblables, leur recherche si divergente, que l'on se dit parfois que c'est un miracle que la sexualité puisse s'installer durablement dans l'harmonie.

Pour les hommes, l'acte sexuel termine la conquête et peut clore l'histoire. Pour les femmes, c'est plutôt le début de la relation intime, scellée par l'ouverture qu'elles ont acceptée. Les hommes préfèrent souvent la vue, les femmes le tact (dans les deux sens du terme !). Au-delà de ces différences, l'acte sexuel prend une place très surprenante, à l'entrelacs de deux histoires : le but est d'arriver à lui donner un sens qui s'adapte aux deux.

Souvent, on aura l'occasion de repérer tant de différences qu'on en arrivera à douter que les deux caméras aient bien filmé le même événement, un peu comme si le projectionniste passait alternativement les bobines de deux films différents et que le spectateur exige d'y comprendre quelque chose.

Certains scénarios spectaculaires réussissent cet exploit : faire s'entrecroiser des vies de telle sorte qu'un même événement prenne sens pour des protagonistes qui suivent des chemins complètement différents. Mais la plupart du temps, il faut se contenter d'une approximation proche de la supercherie : qui s'en plaindrait, si une certaine rencontre est à ce prix ? Dans la sexualité, il persiste une part irréductible de mystère, d'incompréhension et de lâcher prise. Jamais le sexe ne sera sous contrôle, et c'est sans doute mieux comme ça.

L'univers des fantasmes

Faut-il avoir des fantasmes ? Peut-on avoir des fantasmes ? Ces questions n'ont guère de sens, car tout imaginaire fantasmatique qui permet de « décoller » du réel (l'aspect crûment anatomique) fait partie intégrante de l'aventure de l'acte sexuel.

Ensuite, tout est affaire de culture et de *permission** ambiante, touchant autant la midinette plongée dans sa collection Harlequin « Fantasme », que l'adolescent feuilletant un magazine montrant des femmes nues. L'une vibre selon un imaginaire féminin : elle est choisie entre toutes par un homme fort et protecteur. L'autre est sensible à un imaginaire masculin : il découvre (dans les deux sens du terme) des femmes (plusieurs, c'est essentiel pour la perpétuation de l'espèce) qui montrent qu'elles sont vivantes et fécondes (seins, fesses, couleur rouge des muqueuses).

L'acte sexuel est donc par définition (et toujours) une mise en acte de fantasmes : images anticipées d'une histoire que l'on se raconte à soi-même. Certains fantasmes seront mis en acte, d'autres resteront imaginaires.

Olivier, 37 ans, ingénieur

Nous étions à l'hôtel avec mon amie. Durant le dîner, elle avait remarqué le maître d'hôtel et m'avait confié son attirance pour ce bel homme. En fait, cela m'a excité, et quand nous avons fait l'amour, une fois remontés dans notre chambre, cela a été très stimulant de l'imaginer. Elle me racontait ce qu'elle « faisait » avec lui et moi je lui révélais ce que je ressentais en la voyant. Ce fut un moment très fort entre nous.

Tout à coup, je me suis dit « pourquoi pas, après tout ? » et je lui ai suggéré d'aller effectivement le chercher. Mon amie s'est brusquement refermée et tout est retombé : elle appréciait l'imaginaire, mais la réalité la rebutait ! Cela m'a servi de leçon : depuis, on s'autorise les images, mais je ne propose plus rien de concret !

La seule question valable est donc : où mettre la limite, le curseur entre les fantasmes qui seront accomplis et ceux qui méritent de rester dans la tête. Ce choix dépendra :

- de la culture du milieu dans lequel on a grandi ou dans lequel on vit ;
- de l'histoire de chacun et des conditionnements reçus ;
- d'impératifs éthiques : par exemple, interdiction de la violence ou de la pédophilie ;
- de l'accord éclairé du partenaire ;
- de l'usage, sain ou pas, qui sera fait du fantasme mis en scène, comme le montre l'exemple suivant.

Marjorie, 35 ans, vendeuse

Marjorie accepta un jour, après que son ami eut insisté durant des mois, de se livrer à l'un de ses fantasmes préférés : la sodomie. Elle reconnut que ce n'était pas désagréable. Mal lui en prit : son partenaire en tira argument pour exiger une sodomie à chaque rapport sexuel. Elle eut beau nuancer son propos, demander que cela restât exceptionnel, rien n'y fit.

Ce n'est pas tout de mettre concrètement en scène un fantasme, encore faut-il prévoir ce qui se passera après ! Certaines personnes peuvent être choquées, blessées ou rebutées par la réalisation de fantasmes, qui leur allaient pourtant bien tant qu'ils restaient imaginaires. C'est ce qu'apprendra Thierry à ses dépens.

Thierry, 46 ans, dessinateur industriel

Thierry insista tellement que sa femme finit, de guerre lasse, par accepter de l'accompagner dans un club échangiste. Elle fit bonne figure toute la soirée et sembla même y prendre un certain plaisir. De retour à la maison, Thierry s'endormit, comblé. Au matin, sa femme avait quitté le domicile, et elle demanda le divorce dans la semaine. Il ne la revit plus jamais...

Faire l'amour ou la guerre ?

Amour et parité

La situation de *parité** détermine un type de relation très particulier. Quand on est à parité, on est au même niveau, sur le même plan. Il n'y en a pas un plus haut que l'autre. Cela ne veut pas dire stricte égalité, analogie, mais plutôt équivalence de niveau relatif.

Quand l'un est manifestement plus fort que l'autre, on ne se fait pas la guerre. On ne se bat pas « contre » un enfant de deux ans ou un malade grabataire. Le lion ne se bat pas contre la souris : il la croque. Un parent ne se bat pas contre ses enfants. Si c'est le cas, c'est qu'on a laissé à l'enfant un espace de parité qui a pu lui faire croire, à tort ou à raison, qu'on était rivaux. Un parent, ce n'est pas quelqu'un qui aime l'enfant ou qui s'occupe de lui (n'importe qui peut faire cela), c'est quelqu'un qui s'engage à ne jamais s'en sentir rival.

Le combat semble nécessiter un préalable de lien paritaire : ne parle-t-on pas de « frères ennemis » ? Le raisonnement fonctionne dans les deux sens :

- si les individus sont à parité (de force, de statut, de génération...), ils sont en situation de se battre les uns contre les autres ;
- si les individus se battent les uns contre les autres, c'est qu'ils sont à parité.

Comment expliquer alors qu'on puisse se battre contre des parents ou des puissants ? C'est que le combat se situe dans une zone précise de parité. Les puissants ne sont pas si forts, les faibles ne sont pas si fragiles : entre l'armée régulière et la guérilla urbaine, la partie est loin d'être gagnée pour l'un ou l'autre.

Pourquoi un tel détour par rapport au sujet de la sexualité ? L'acte sexuel ne prend réellement sens que dans une zone de parité. « Faites l'amour, pas la guerre ! » proposaient, en mai 1968, les doux avocats du *Flower Power*. En fait, on pourrait traduire : « Puisqu'il s'agit de la même chose (gérer la rivalité paritaire), faites plutôt l'amour que la guerre ! »

C'est parce qu'on est à parité que l'on peut valablement faire l'amour, et dans cet acte sexuel, c'est toute la question de l'*altérité** et de la rencontre qui se pose. L'état amoureux est comme l'état de grâce de la rivalité. Au lieu de basculer vers l'affrontement, celle-ci se transcende dans un attachement voluptueux.

La sexualité célèbre et symbolise la différence de ceux que leur parité pourrait confondre. En faisant l'amour, on s'installe au même niveau de génération que son partenaire et, de ce fait, on signale inconsciemment la différence avec les autres générations, celle de nos parents et celle de nos enfants.

Un carrefour de vie et de mort

Le corps est toujours partie prenante des grands moments de l'existence : naissance, jouissance, enfantement, mort, etc. Il serait absurde de penser qu'il peut être exclu de la rencontre entre les êtres.

L'acte sexuel, aux multiples vertus, fleurit sur le terreau du symbole. Il le cherche et s'en nourrit. On peut considérer, par exemple, que la sexualité est incompatible avec la « maternité » : en sont exclues, et c'est tant mieux, la mère que l'on a eue et la mère que l'on est.

L'acte sexuel s'appuie également sur une part de la personnalité plus sombre, en tout cas plus difficile à gérer et à assumer socialement, comme de grandes lames de fond narcissiques ou violentes. Il serait naïf de croire qu'il suffit d'être sain et bien dans sa tête pour exorciser la puissance de ces monstres souterrains. C'est en suivant avec lucidité et honnêteté son chemin d'être humain que l'on pourra les contenir à leur place et limiter les dégâts qu'ils pourraient faire dans nos vies si l'on ne prenait garde à en borner le terrain d'action.

L'autre est comme l'horizon : on ne le possède jamais, car la connaissance qu'on en a s'éloigne au fur et à mesure que l'on avance vers lui !

CHAPITRE 2

PERMISSION ET PROTECTION

Au programme

- **A-t-on le droit de tout faire ?**
- **Les limites de la sexualité**
- **Faire l'amour... pas facile pour les femmes !**
- **L'importance des permissions**

A-t-on le droit de tout faire ?

Fonctions parentales

Un concept d'*analyse transactionnelle** peut éclairer en ce domaine. L'*état du Moi** dit « Parent », qui constitue une part de notre personnalité, connaît deux fonctions principales :

- la fonction nourricière (on parle du Parent Nourricier) qui donne de la nourriture mais aussi des encouragements, de la sollicitude, des permissions… On peut même lire çà et là des expressions évoquant un « Parent Permissif », mais ce terme est si connoté dans le sens du laxisme qu'il vaut mieux ne pas l'utiliser. Le Parent Nourricier, lorsqu'il est positif, transmet le message : « Va ! Tu as le droit… ». Il libère l'espace pour permettre d'avancer et s'attache à créer des zones d'ouverture et de liberté suffisantes pour rendre possible la poursuite de cette avancée. Lorsque le Parent Nourricier est négatif, il « gave », il donne trop ou mal, il épargne à tort des épreuves qui pourraient aider à la croissance, il agit à la place de l'enfant… Il est souvent appelé « surprotecteur », mais cette expression risque d'induire une confusion avec la fonction suivante du Parent ;

- la fonction normative (on parle du Parent Normatif), qui donne des limites. Il dit : « Pas au-delà ! ». Lorsqu'il est positif, les limites prodiguées sont destinées à permettre la croissance. Il s'agit de *protection**. La protection est « faite » de limites, mais toutes les limites ne sont pas structurantes. Elles peuvent se révéler inhibantes, humiliantes et carrément persécutrices. Le Parent Normatif qui les transmet est considéré comme négatif.

Limites

On peut en déduire que l'être humain en général, et l'enfant en particulier, a besoin d'autant de permissions que de protections :

- une permission sans protection peut se révéler dangereuse, comme « Tu peux aller jouer » sans la précision « … mais pas à côté de la voie ferrée ! » ;
- une protection sans permission est stérilisante : « Il ne faut pas, tu ne dois pas, fais attention ! » Le monde est alors quadrillé d'interdits qui se justifient eux-mêmes sans être au service de la vie et de la croissance.

Les parents et éducateurs savent qu'une limite « passe » mieux lorsqu'elle est assortie d'une permission : « Tu dois travailler maintenant (limite) et tu pourras jouer à la récréation (permission). » Ou : « Il est trop tard pour sortir le matériel de dessin (limite), mais vous pouvez lire ou faire une partie de cartes (permission). » Ainsi, à chaque permission correspondent une ou plusieurs protections qui la cadrent dans une perspective sécurisante et respectueuse de la vie et de la croissance.

Les limites de la sexualité

Mais cet épanouissement sexuel doit-il se faire au prix d'un laxisme déstructurant ? Y a-t-il des interdits qui permettent de s'épanouir dans la sexualité avec le moins de dangers possibles ?

La société

Certains de ces interdits sont relativement universels et basés sur la nécessité de conserver une structure sociale préservant la différence des sexes et celle des générations, le respect des individus, le partage symbolique entre les zones sexuelles et celles qui ne le sont pas. L'encouragement est donc nuancé : Tu peux faire l'amour comme bon te semble, mais…

Pas avec n'importe qui

Pas avec quelqu'un de ta famille, et surtout pas avec un ascendant ou un descendant, biologique ou apparenté. En tout cas jamais avec un enfant. Les jeux sexuels entre enfants du même âge, éventuellement d'une même famille, ne sont pas forcément problématiques s'ils ne s'accompagnent pas de violence ou d'intimidation et qu'ils ne sont pas culpabilisés par les parents ou l'entourage.

Pas n'importe où

Pas en public, ni devant qui que ce soit qui n'est pas d'accord, qui n'est pas prévenu, ou que cela peut choquer.

En te protégeant

D'une grossesse non désirée et des maladies sexuellement transmissibles, au premier rang desquelles le sida, qui peut transiter par des porteurs ignorant parfois eux-mêmes le danger qu'ils peuvent transmettre.

Sans violence ni intimidation

C'est-à-dire uniquement avec des partenaires réellement consentants et non manipulés.

En te respectant

Dans le cadre d'une relation humaine, la plus tendre et sensuelle possible, pas pour obtenir de l'argent ou autre chose de l'autre.

Pas dans la sphère professionnelle

Une expression triviale illustre cette recommandation : « *No zob in job !* » En effet, les rapports professionnels risquent de perdre de leur efficacité du fait des interférences avec les relations sexuelles qui s'y superposent. Et comme l'amour fluctue, les relations passionnelles peuvent absorber la personne dans une spirale amoureuse (pourra-t-on la faire penser à autre chose ?) ou dans les méandres des fâcheries et retrouvailles, haines et jalousies.

Et que dire des rapports hiérarchiques mis à mal, ou des malentendus tragiques : la recherche d'un partenaire sexuel au travail peut très bien s'apparenter à du harcèlement sexuel, et ce sont parfois les tribunaux qui devront dire où est la limite.

Pas avec le conjoint de ton ami(e)

C'est un jeu adolescent, fascinant pour certains, qui consiste à récupérer l'image narcissique du plus fort, de la plus séduisante… Il faut parfois plusieurs expériences malheureuses pour confirmer une fois pour toutes que le bilan est désastreux : on a perdu un ami, et la valorisation narcissique est finalement bien décevante.

La culture

D'autres interdits sont relatifs à la culture locale et peuvent donc varier suivant les latitudes, les pays ou les familles. Ils interrogent les valeurs des individus et du groupe et s'insèrent dans un contexte culturel.

Pas avec quelqu'un du même sexe

L'homosexualité désigne à la fois l'attirance pour une personne du même sexe et le passage à l'acte avec une telle personne.

Cette sexualité n'étant pas compatible avec une fécondité biologique (sans préjuger de la procréation médicalement assistée), elle est condamnée par les principales religions. Dans certains pays, elle peut être punie de mort, dans d'autres elle est si socialement dévalorisée que la personne subit un véritable ostracisme. Ailleurs encore, elle est acceptée au même titre que la sexualité hétérosexuelle : désormais, les personnes homosexuelles ont dans divers pays la possibilité légale de se marier et d'adopter des enfants.

Pas en dehors du mariage

Cette limite a des origines religieuses (respect de la parole donnée devant Dieu), anthropologique (valeur de l'engagement et de la construction d'une relation dans la durée, pérennité de la famille pour éduquer les enfants…) et sociologiques (afin de diminuer le nombre de mères célibataires après le départ intempestif du géniteur).

Pas avec une contraception artificielle

Là encore, l'interdit peut avoir son origine dans une lecture littérale de la Bible (« Croissez et multipliez »). Cela dit, force est de constater que la contraception artificielle, salvatrice dans de nombreux cas, peut néanmoins se révéler difficilement gérable psychologiquement : le fait d'attendre d'être « prêt » pour faire un enfant, par exemple, est souvent un leurre dilatoire plutôt pernicieux.

Pas avec quelqu'un d'une autre tribu

De tels interdits sont souvent dictés par des raisons culturelles ou religieuses destinées à assurer la pérennité des us et coutumes. Le métissage menace en effet la transmission d'une tradition pour les enfants futurs ; même si l'autre n'est pas un ennemi, il reste menaçant dans la mesure où il peut « diluer » ce qui fait l'originalité de la communauté. Les conversions religieuses peuvent permettre des mariages impensables autrement et sont souvent assorties de l'obligation d'élever les enfants dans la religion de celui qui en a une (ou de celui qui est le plus déterminé à faire valoir son appartenance). En revanche, l'avenir de ces conversions, ou de ces apparentes soumissions à la foi de l'autre, est souvent perturbé par des revirements plus psychologiques que spirituels. Les dégâts conjugaux et familiaux sont alors importants. Mais faut-il renoncer pour autant à tout brassage social ?

Pas avant tel âge

Dans nos contrées occidentales, le choix amoureux est généralement affaire d'élection, certes non politique, mais choix délibéré parmi plusieurs partenaires possibles. La question de l'âge « légitime » pour un premier rapport est dépendante de chaque personne, du milieu familial, du contexte culturel.

Pas pendant les règles

On connaît le caractère d'« impureté » rituelle du sang des règles, de la femme réglée, ou de celui qui l'a touchée… Les origines de cette interdiction sont parfois surprenantes, par exemple :

- elle permet à la femme une période de « repos sexuel », une pause qu'il aurait sans doute été difficile de justifier autrement. Les hommes ont parfois une régularité de métronome dans leurs *besoins** sexuels qui rend nécessaire qu'un tiers (ici la loi religieuse) vienne donner acte à la femme d'un rythme plus espacé.
- elle favorise une politique nataliste : après dix jours d'abstinence (la durée des règles, plus quelques jours pour être sûr qu'elles

sont bien terminées), le partenaire se montrera impatient de reprendre une activité sexuelle, d'autant plus frénétique qu'elle aura été longtemps attendue. Or, nous voilà rendus en plein milieu du cycle, la période féconde de la femme ! En route vers une nouvelle grossesse !

Interdire ou dédramatiser la masturbation ?

Elle est improprement appelée « onanisme » en rapport avec le personnage biblique d'Onan qui, plutôt que de faire l'amour avec la veuve de son frère, a préféré répandre sa semence hors du ventre de celle qui devint légalement sa femme, afin d'éviter de lui faire un enfant : la « faute » d'Onan est donc plutôt le *coïtus interruptus* que la masturbation.

La masturbation peut être réprouvée au nom d'arguments divers :

- **Elle disperse la semence de l'homme et gaspille un potentiel hautement précieux (mais observons le sol au pied d'un chêne : combien de glands gâchés avant qu'un seul donne naissance à un nouveau chêne !).**
- **Elle détourne l'individu d'une sexualité relationnelle et ouverte à l'autre (mais la masturbation est la conséquence plutôt que la cause de ce détournement, et peut se combiner à une sexualité relationnelle : dans le bouquet de la sexualité, il y a la place pour plusieurs types de fleurs, de l'orchidée à la pâquerette...).**
- **Elle incite à la rêverie érotique, à la lascivité, et détourne chacun de ses tâches et devoirs (pas besoin pourtant d'alibi pour se détourner de ses devoirs : une bonne flemme suffit, et la masturbation n'aggrave rien...).**
- **Elle provoque des maladies physiques ou psychiques (en fait, juste une certaine culpabilité, peut-être, mais qui est plus une réaction psychologique à l'acte lui-même).**

Tous ces arguments sont faux ou fallacieux, et la condamnation de la masturbation (qui est la conduite sexuelle la plus fréquente, largement avant le coït) ne semble plus se justifier que... si elle est pratiquée en public !

Contrairement à une idée très répandue, même parmi les moins moralisants de nos sexologues, la masturbation ne laisse pas dans la personnalité d'amertume ni d'anxiété, ou alors dans le cas très particulier d'une personne qui, plutôt que d'être dans les bras de l'être aimé ou désiré, se « rabat » sur la masturbation pour se consoler : l'amertume ne vient pas de l'acte autoérotique, mais bien plutôt de la blessure sentimentale.

Faire l'amour… pas facile pour les femmes !

La tâche paraît pourtant aisée. Prenez un homme amoureux de vous. Laissez-le vous désirer et désirez-le aussi. Évitez le mari de votre amie, votre patron et tous ceux avec qui il y aurait plus de problèmes que de joie. Laissez-le vous approcher, en général, c'est lui qui se charge du plus gros du travail. Si ça ne va pas assez vite, aidez-le, mais pas trop : il vaut mieux qu'il continue à croire que c'est lui le chasseur. Quand vos cœurs sont prêts, quand vos corps le réclament, laissez-le vous déshabiller et vous caresser. Caressez-le aussi.

Listez mentalement les éléments de sécurité : contraception, protection contre les maladies sexuellement transmissibles, isolation phonique de la cloison, résistance du sommier, proximité d'une salle d'eau… Si tout est parfait, ouvrez-vous à son désir : tout se passera bien.

Son érection et votre lubrification naturelle permettent une pénétration sans douleur, souvent accompagnée d'un sentiment voluptueux qui vous remplit et vous comble. Si les mouvements de va-et-vient persistent, même s'il est d'autres moyens de faire l'amour, vous arrivez sur la phase en plateau : c'est bon signe. L'orgasme ne va pas tarder, c'est-à-dire que la sensation voluptueuse s'intensifie tout à coup et retombe au bout d'un moment. Si l'orgasme dure une minute, vous êtes en haut de gamme. Quelques secondes font parfaitement l'affaire.

Si votre partenaire en a profité pour éjaculer en vous, c'est parfait, il est probable que vous avez joui ensemble. Dans le cas contraire, il peut avoir envie de continuer tout seul et cela peut mettre un certain temps. Rassurez-vous, c'est plus son problème que le vôtre. Quand tout sera terminé, embrassez-le autant de fois que vous en aurez envie.

Non, ce n'est pas si facile que cela ! Pas si facile de risquer l'impudeur, de se laisser approcher sans se faire envahir, de montrer sa limite sans être castratrice, de s'ouvrir à ce point sans savoir forcément à l'avance pour qui, et surtout *pour quoi*, en deux mots !

La sexualité a besoin de s'insérer dans un cadre relationnel. Et même si certaines femmes disent ne prendre un amant que pour le sexe, c'est bien pour, portée par la volupté sexuelle, se sentir femme dans les bras d'un homme ! Une femme ne peut se résumer à être l'objet que l'homme convoite, consomme et rejette ensuite.

L'importance des permissions

Une permission, c'est plus qu'une simple autorisation, c'est un encouragement chaleureux. C'est la phrase qui dit : « Va ! Tu peux ! C'est bel et bon pour toi ! » C'est l'espace libre et tranquille vers lequel on peut s'avancer.

Recevoir une permission, c'est ressentir la merveilleuse sensation d'avoir le droit, d'être bien à sa place, d'être au cœur de sa vie. On a le droit, on est droit. L'énergie vitale nous porte et l'on est prêt à se risquer. C'est bon d'avoir reçu les permissions nécessaires.

Qui donne les permissions ?

Évidemment, les figures parentales de notre enfance : papa, maman et quelques autres personnes importantes.

Une fois grands, nous pouvons aller chercher nous-même les permissions dont nous avons besoin. Cela se pratique souvent inconsciemment, par exemple en voyant faire les autres. En voiture, on hésite à transgresser le petit bout de sens interdit qui nous arrangerait bien pour retrouver notre chemin. Il ne fait que quelques mètres, la faute serait vénielle, mais c'est interdit ! Voilà qu'un autre véhicule s'engouffre dans le sens interdit, sans coup férir, sans l'ombre d'une hésitation. Puis un autre, puis un autre… Pourquoi pas moi ? Allez, j'y vais aussi : je me suis servi de l'exemple des autres pour me donner la permission.

On peut aussi interroger une personne de confiance, se laisser convaincre par une amie : nombreuses sont les voies d'acquisition de permissions quand les parents ne nous ont pas donné celles qu'il fallait. Tout ce que nous faisons, nous le faisons parce que nous en avons reçu au préalable la permission : fût-ce de vivre !

Sexualité féminine et permissions

Une femme a besoin au minimum des permissions suivantes :

- de s'ouvrir, de se livrer ;
- de se refuser, de dire non ;
- de jouir ;
- de ne pas jouir ;
- d'explorer le monde ;
- d'avoir du désir et de le montrer.

Magali, 41 ans, fleuriste

Je me suis toujours trouvée laide. C'est comme si je n'avais pas le droit de montrer mon corps, d'en être fière. C'est bizarre, car, sans être une beauté de magazine, je suis pas mal. Enfin, disons, comme l'immense majorité des femmes. Mais je n'ai jamais été encouragée à faire les magasins, à me maquiller, à m'habiller en fille quoi !

Avec mon mari, c'est encore pire : je crois que j'avais honte de lui montrer que j'avais du plaisir. Et tout ce qu'il me proposait comme variante de l'acte sexuel, comme la fellation, je trouvais ça dégoûtant. Je n'aurais pas su dire pourquoi : c'était sale, interdit, c'est tout.

Un jour, il m'a dit qu'il me trouvait belle. C'était la première fois. Je ne sais pas ce qui lui est passé par la tête. Il m'a dit qu'il aimerait que je sois plus féminine. Je suis tombée des nues ! Je suis allée faire du shopping et il était ravi.

On est allés consulter ensuite un sexologue, qui nous a aidés à dédramatiser l'acte sexuel. Maintenant, je sais ce que j'aime et ce que je n'aime pas, mais ce que j'aime, je ne m'en prive plus !

Sans permissions, une femme peut néanmoins se débrouiller, faire avec, mais sa sexualité en paiera le prix. Souvent, ces permissions n'existent que faiblement, comme murmurées du bout des lèvres. Il faut alors leur donner de la puissance. Le partenaire pourra s'en charger ou, d'une autre façon, le sexologue.

En dernier ressort, c'est la femme qui se donne à elle-même les permissions dont elle a besoin. De quelle permission avez-vous besoin et qui pourrait vous encourager à vous la donner ?

CHAPITRE 3

LE PARADOXE DU DÉSIR

Au programme

- **Le partage affectif**
- **Frustration et patience**
- **L'espace moiré du désir**
- **Désir, besoin et envie**
- **Le désir : impossible appropriation**
- **Jalousie et rivalité**

Le partage affectif

L'exclusivité

Dans l'idéal, l'enfant fait l'expérience d'une certaine sécurité affective, mais son attachement doit être partagé avec ses deux parents ! Et l'attachement des parents doit, lui aussi, se partager entre les frères et sœurs s'il y en a.

Le lien avec un partenaire sexuel sera pour beaucoup le premier lien d'amour spécifique et exclusif. Cela participe évidemment à l'émerveillement amoureux, puisque dans la famille d'origine, on doit bien partager : avec ses frères et sœurs si on en a, et papa avec maman, et maman avec papa. Cette configuration est la plus fréquente, mais il arrive qu'on ait l'impression de ne pas avoir à partager, dans le cas d'un parent élevant seul un enfant unique.

Cette exception mise à part, l'accès à l'adolescence, et plus encore à l'âge adulte, peut donner l'illusion que l'être aimé va enfin pouvoir combler la totalité de notre attente, et qu'au moins, avec lui, il ne sera enfin plus nécessaire de partager. On devient le « tout » de l'autre, et l'autre devient notre « tout ».

Hélas, il faudra déchanter : bien vite, on devra gérer des éléments qui ne trouveront pas leur place dans la relation amoureuse :

- Ce qui appartient à soi-même : notre histoire et notre mémoire, notre désir.
- Ce qui appartient à l'autre : son histoire et sa mémoire, son désir.

Ce lien qui était censé nous attacher, dans le bon sens du terme, risque de se révéler peu à peu de nature à nous ligoter et à ligoter l'autre. Il faudra, à nouveau, faire l'expérience de la frustration et dépasser des blessures narcissiques !

La blessure narcissique

Comment combiner ces blessures avec une histoire amoureuse qui est en partie destinée à guérir celles de l'enfance ? Tout serait donc à recommencer ?

Toute expérience humaine nous apporte tôt ou tard la preuve que nous ne sommes ni les seuls ni les premiers. C'est cette prise de conscience qui provoque la *blessure narcissique**, la blessure du « Je » qui ne se savait pas vulnérable. Lorsqu'on se rend compte que l'être aimé continue d'en désirer d'autres, il n'est pas facile d'admettre cette non-spécificité du désir. Même s'il ne passe pas à l'acte d'assouvir son désir avec d'autres que nous, il est plus que délicat de continuer à connaître sa place auprès de lui. Et pourtant, ce désir à 360 degrés est parfaitement légitime – chez lui comme chez nous…

Il est illusoire d'imaginer que, une fois en couple, les partenaires cessent de « regarder » les autres. Ce touchant euphémisme, « regarder », peut parfois séduire les amoureux en quête de sécurité affective, mais il ne protège pas, dans la durée, de l'impact des rencontres des corps et des cœurs.

Alors, même fidèle, chaque partenaire ne peut-il qu'être infidèle ? Et s'il dit vrai : n'a-t-il aucun fantasme, aucun désir vers un autre partenaire que le sien ?

On n'a aucune raison de mettre en doute la sincérité d'un tel témoignage. Il s'agit ici simplement d'analyser l'essence même du désir, qui appartient à la personne désirante, qui la pousse à s'approprier son environnement, voire les personnes aimées. Le fait que, pour tel ou telle, il n'y ait jamais eu, au cours d'une vie entière, la conscience que son désir aurait pu la pousser vers d'autres que son conjoint, ne contredit pas une telle analyse.

Amour et désir

Le désir est comme un médiateur, neutre, entre les partenaires. Lacan insistait sur le fait qu'on ne fait pas l'amour à deux, mais à trois : les partenaires et le désir. La difficulté conjugale vient souvent du fait que l'on mélange le niveau du désir (« Je te veux ») et celui du lien affectif (« Je t'aime »).

Certes, en tant qu'enfant, nous sommes le fruit du « désir » de nos parents l'un pour l'autre. Certes, nos parents nous ont « désirés ». Certes, ils ont eu le « désir » que nous grandissions et que nous soyons heureux. Et comme auprès d'eux, nous nous sentons dans une bulle affective et protectrice, il est tentant d'assimiler ce monde de désir (le leur) avec notre monde affectif. Cette superposition abusive se paye d'un prix très lourd si elle se prolonge à l'âge adulte et se projette sur un partenaire.

Quant aux enfants élevés par un parent seul (en général la mère, dans presque 90 % des cas), ils n'ont pas, eux, à partager : leur mère est « toute à eux ». Ont-ils plus de facilité, devenus grands, à établir une relation mature avec un partenaire, vu qu'ils ont eu leur « ration » d'amour spécifique ?

Ce serait trop beau, et ce n'est pas le cas pour une raison bien simple : l'amour qu'on reçoit de ses parents (ou d'un parent) est d'une autre nature que celui qu'on échange avec quelqu'un de notre génération. Il n'y a donc pas de vases communicants, d'autant que la relation avec la mère risque ici d'être fusionnelle, c'est-à-dire sans instance de séparation.

Une mère a besoin d'aide pour se séparer de son enfant, autant qu'un enfant a besoin d'aide pour se séparer de sa mère. Tout élément qui favorisera cette séparation sera dit « énergie paternelle ». Et pour grandir, et quitter finalement sa mère, tout le monde a besoin de faire l'expérience de la structure, de la loi, de la limite et de la frustration.

Frustration et patience

La zone sexuelle est éminemment frustrante. Et la place de la frustration dans la sexualité est cruciale, irrémédiablement liée au désir : sans frustration, le désir fond comme neige au soleil. Une fois que l'on a eu ce que l'on désirait, on ne le désire plus ! Cela peut paraître naïf ou enfantin, mais c'est l'évidence même. Persiste le besoin, ou l'attente de renouveler une expérience qu'on a appréciée, qu'on a trouvée gratifiante. La frustration, si elle n'est pas vécue de façon trop pénible, est un merveilleux moteur pour continuer à avancer. Elle nous met en situation d'en vouloir encore, plus, mieux, autrement… La vie et la créativité trouvent leur compte dans ce terreau-là.

De nombreuses personnes qui ne supportent pas la frustration ni les obstacles à la réalisation de leurs désirs changent sans cesse de partenaire pour renouveler l'expérience de la découverte et des premières fois… Pourtant, même si c'est assez difficile à imaginer, le rapport avec une même personne recèle d'innombrables commencements, mais il faut du temps pour les déceler et un certain cheminement commun pour en profiter. C'est dire que les adeptes du « tout, tout de suite » ne peuvent qu'être déçus, surtout s'ils n'aiment pas attendre passivement que le temps s'écoule ! Mais en fait, ce n'est pas là une « attente » à proprement parler, et encore moins de la passivité : il s'agit uniquement de laisser aux graines le temps de pousser.

Le jardinier n'attend pas passivement que ses plates-bandes s'épanouissent, il a toujours quelque chose à faire, même en plein hiver !

La comparaison entre la relation amoureuse et un jardin, assez classique, évoque bien sûr le Jardin d'Éden, ce paradis plus « élaboré » que le simple « champ » brut qui vit Caïn assassiner Abel dans un accès de rivalité rageuse. Mais cette rivalité rageuse est-elle si étrangère à la vie conjugale ? La relation d'amour, à la fois champ inculte et jardin, nécessite la prise en compte du facteur temps et rejoint en cela le propre même de toute expérience humaine.

L'espace moiré du désir

Un désir imprévisible

Le terme « moiré » recouvre une analogie scientifique qui va nous permettre d'appréhender la complexité du phénomène que représente le désir.

Imaginez un grillage tendu entre deux piquets. Ce grillage a un maillage qui lui est propre et le caractérise : en losanges, en carrés, en croisillons de toutes sortes… Si vous passez de l'autre côté de ce grillage, vous observerez la même chose. Construisez maintenant en parallèle à ce grillage, et à proche distance, un autre grillage avec un autre maillage. Reculez de quelques pas. La superposition des deux maillages donne une image qu'on appelle « moire » : comme des vagues, fluctuantes et complexes, que l'œil ne peut pas délimiter mais qu'il observe néanmoins, et dont parfois il s'émerveille.

Ce qui est très particulier, c'est que la moire ainsi créée n'est en aucun cas extrapolable individuellement à partir de chacun des deux maillages. Aucun scientifique, aucun ordinateur ne peut prévoir qu'avec la superposition de tels types de maillages, on obtiendra tel type de moire. C'est rigoureusement imprévisible, et pourtant ce n'est pas un « n'importe quoi » aléatoire.

C'est un exemple parmi d'autres de la fameuse « théorie du chaos » qui bouleverse la communauté scientifique depuis quelques années. Ce chaos n'est pas un monde aléatoire et destructuré, il présente des limites, des régularités… dont la logique nous échappe entièrement. C'est comme la météo, qui reste imprévisible à moyen terme (pour le court terme, on est relativement au point… et encore !) alors même que le climat n'est pas anarchique.

Le désir est désirable

C'est exactement la même chose pour le désir : une situation de « chaos » dans le sens d'un imprévisible absolu alors même qu'il n'est pas anarchique ! Ces deux êtres qui se rencontrent, qui s'attirent mutuellement, qui ressentent du désir l'un pour l'autre ont, chacun pour leur part, leur propre « maillage » créé par leur personnalité, leur histoire, leurs pulsions… Mais de leur proximité, de la superposition de leurs deux maillages, va naître un espace tiers, la zone de leur désir. Comme la moire, ce désir sera imprévisible, fluctuant, intrigant… et fascinant ! Il s'agira d'une réelle création, d'une œuvre nouvelle que les protagonistes ne contrôleront pas consciemment, mais dont ils seront les premiers bénéficiaires.

Le paradoxe du désir s'exprime ici d'autant plus qu'il est situé dans la proximité d'un « autre désirant ». Impossible de dire : « C'est bien, nous désirons la même chose, et nous nous désirons mutuellement. Notre relation va donc évoluer de telle façon, nous apporter tel bénéfice ou nous poser tel problème. »

Le désir, si on lui laisse la place, impose une part de « lâcher prise » que certains sont parfois réticents à lui accorder ! Mais la vie s'accorde mal avec le « tout est sous contrôle » : laissons-nous gagner par l'enthousiasme d'avoir créé… l'espace moiré de nos désirs !

Désir, besoin et envie

On peut douter que nos envies soient régies par des règles aussi complexes ! N'y a-t-il pas une façon plus simple de satisfaire ses besoins ?

De fait, il faut se garder de mélanger ces trois niveaux : besoin, envie, et désir. Ils répondent à des fonctionnements différents et leur distinction prend, en matière de sexualité, un caractère impératif. Sans entrer dans un débat sémantique, et encore moins dans une polémique d'expert encyclopédique, je vous propose d'aborder ces trois thèmes de la façon suivante.

Le besoin

C'est une attente non négociable de ce qui va permettre un fonctionnement vital. On ne peut pas négocier le besoin de respirer – ou en tout cas, pas longtemps.

Il est des besoins dont on peut différer la satisfaction, mais cette opération n'est pas sans frais. Il nous faut apprendre à gérer la frustration, à refouler, à sublimer… On peut survivre avec des besoins frustrés, mais c'est plus difficile. Les besoins sont de trois ordres :

- physiques (respirer, manger, dormir, bouger, être touché…),
- psychologiques (sécurité, stimulation, reconnaissance, structure…),
- spirituels (harmonie, beauté, vérité, équité, sens de la vie…).

Une des caractéristiques du besoin, particulièrement pertinente pour notre propos, est qu'il est « comblable ». Une voiture a besoin de carburant pour rouler : son réservoir est comblable (on fait « le plein » !). Puis on utilisera l'énergie ainsi accumulée… jusqu'au moment où il faudra remplir à nouveau.

Il est donc important de satisfaire ses besoins, voire d'aider les autres à satisfaire les leurs. Nous sommes donc dans un contexte d'utilité vitale même si, au passage, on y prend grand plaisir, ce qui ne gâche évidemment rien !

L'envie

Il faudrait plutôt dire « les envies » pour les différencier de l'envie (souvent confondue avec la jalousie) qui pousse à s'approprier ce qu'un autre possède déjà, ou à souffrir du fait qu'on en est privé. Mettons donc à part ce « péché capital » et concentrons notre attention sur *les* envies, ces pulsions qui nous poussent vers des gratifications.

On a « envie » de recevoir des stimulations sucrées, ou bien salées, ou douces, amusantes, voluptueuses, nouvelles, stimulantes... Contrairement au besoin, les envies sont notoirement négociables : il y a tant de stimulations agréables possibles ! J'ai envie d'aller me promener, mais voilà qu'il pleut des cordes. Je peux découvrir que, finalement j'ai envie d'aller au cinéma, ou de rester au coin du feu.

Les envies ? Des bulles légères dans la coupe de champagne : innombrables, l'une chassant l'autre.

Le désir : impossible appropriation

Nous voilà sur un plus gros morceau théorique – en premier lieu parce que le désir est, intrinsèquement, paradoxal. Il est inexorablement lié à la vie et à la mort. Sans désir, pas d'élan vital : nous voilà assis par terre, hébétés, à zapper devant la télé en nous gavant de cacahuètes et de confiseries.

Mais si le désir s'installe, alors, gare aux rivalités qu'il faudra gérer, aux combats qu'il faudra mener : le désir n'est pas un long fleuve tranquille. Il peut aussi bien mener à la mort et à la destruction. Et même sans drame, le désir, cette force vitale, nous mènera au bout de notre vie : à notre mort. Dans un sens ou dans l'autre, le désir est à un carrefour existentiel.

Ensuite, le désir nous pousse à nous approprier ce qui nous attire, nous protège, ou nous construit. Cela n'est guère problématique s'il s'agit d'un lieu que personne ne convoite (« ce paysage est superbe, c'est là que je vais construire ma maison »). Pas de problème non plus s'il s'agit d'un moment de la vie, d'un temps passé (s'approprier sa vie) ou même d'une relation (« cette relation est la mienne autant que la tienne »).

Le désir qui toujours échappe…

Le problème survient lorsque l'on veut s'approprier la même chose qu'un autre (René Girard[2] a magistralement analysé cette rivalité mimétique, source de toute violence) ou que l'on veut s'approprier l'autre, directement ! Comme si l'on voulait mettre l'autre *à l'intérieur de soi* (le manger) pour qu'il ne puisse jamais nous quitter ou nous frustrer, mais qu'en même temps, il reste intact, c'est-à-dire qu'il garde le même aspect que lorsqu'il était à l'extérieur ! Impossible : pour le mettre à l'intérieur, pour le manger, il faut le briser, le casser et le mastiquer…

Cet homme qui désire cette jeune fille pimpante qui virevolte sur la piste de danse, au milieu des regards séduits de tous les hommes… va-t-il réussir à l'épouser ? Il se la gardera pour lui tout seul, à la maison, plus ou moins entourée de marmots et accablée de tâches ménagères. Mais, ô déception suprême, et pourtant bien prévisible, elle ne ressemblera plus, une fois en cage, à la jeune femme pimpante qui l'avait attiré à peine quelques années plus tôt.

Cet exemple, tout à fait transposable dans l'autre sens, montre bien la vanité du projet visant à s'approprier les gens : cessant d'être sujets, ils deviennent objets. Celui qui s'approprie l'autre prend le même chemin : lui aussi cesse d'être sujet, cesse de risquer. Et la vie déserte rapidement ceux qui ne sont plus sujets de leur vie. Comment s'étonner alors que leur désir s'éteigne ?

Contrairement au besoin, le désir n'est pas comblable : comme l'horizon, il recule au fur et à mesure qu'on s'en approche. Chaque désir réalisé creuse une autre attente, jusque-là potentielle, qui se révèle au fur et à mesure que les obstacles se dressent.

2. *Des choses cachées…*, voir bibliographie.

Pas de désir sans obstacle… Pas de désir sans frustration. Avec le désir, rien n'est jamais, jamais simple !

Un désir « incommandable »

La sexualité permet donc de satisfaire un besoin, de réaliser des envies ou d'accomplir son désir. Mais à l'occasion de la rencontre, et pas de façon directe et automatique. Il est par exemple absurde de demander à une femme de ressentir un désir sexuel uniquement pour combler les besoins de son mari ! Cette aberration est pourtant très fréquente.

Il faudrait donc que cette femme allume le feu de son désir au seul motif que son mari a des besoins réguliers de « vidange testiculaire ». Pardonnez la trivialité du propos, mais c'est souvent en ces termes que sont décrites par les hommes, et parfois par les femmes elles-mêmes, ces réalités physiologiques.

On peut voir, symétriquement, des blocages masculins lorsque la femme a un projet de grossesse : autour de l'ovulation, elle semble déchaînée, remplie d'un désir insatiable… mais dès que la température est montée (c'est-à-dire qu'elle a ovulé et qu'elle n'est plus fécondable), c'en est fini du sexe… jusqu'au mois suivant si elle n'est pas enceinte. L'arrivée des règles dans ce cas provoque une réaction émotionnelle souvent importante, que l'homme a du mal à comprendre. Il va benoîtement prôner la patience, alors que la femme, justement, ressent presque physiquement une inexplicable urgence.

Il est clair que tout ici s'imbrique :

- besoins : psychologiques (reconnaissance, stimulation, érotisme…) et spirituels ou existentiels (harmonie, communion, beauté, ouverture du cœur…)
- envies : variables, variées, chatoyantes…
- désir : qui pousse à découvrir, à s'approprier la vie qui traverse l'autre.

Mais que désire-t-on vraiment ?

> **Ce n'est pas l'autre en tant que tel que l'on désire mais la vie qui le traverse ! C'est le désir qui est désirable, c'est la vie qui est attirante. Voilà qui est très rassurant pour ceux qui ne sont pas des canons de beauté : qu'ils (ou elles) se rassurent. Ils seront désirables à hauteur de la place qu'ils laisseront à leur vitalité, à leur désir, à leur capacité à se risquer dans une relation authentique, gaie, insouciante et profonde à la fois.**
>
> **Nous l'avons vu, on ne peut pas s'approprier les êtres, mais on peut entrer en communion avec la vie qui les anime. Et si d'aventure, à force de pression, d'intimidation, de chantage, on arrive à les mettre sous cloche, alors c'est la vie elle-même qui déserte. L'oiseau en cage s'arrête de chanter.**

Un désir naturel archaïque

Certes, à chaque époque ses modes physiques ou vestimentaires, et l'on est plus attirant quand on est à la mode… le contexte culturel joue son rôle.

Chez l'homme

Mais au-delà, une femme sera d'autant plus désirable qu'elle donnera des signaux explicites prouvant qu'elle est effectivement vivante : elle bouge, elle rit… Elle signale aussi son aptitude à être féconde : même si l'érotisme conscient est à mille lieues de l'admettre, l'homme est inconsciemment sensible au fait que cette femme « fonctionne » bien.

- Elle a envie de faire l'amour : combien d'hommes se plaignent de « devoir » toujours prendre l'initiative ! Si c'est la femme qui la prend, l'homme peut être rassuré : elle est bien vivante. Hélas, la limite est vite atteinte après laquelle il ne supporte plus ces mêmes initiatives qu'il réclamait encore il y a peu. Il craint de se faire dépasser, envahir, commander ! Mais au-delà de cette subtile stratégie de l'initiative, il y a toujours la recherche des signaux de vie.
- Elle est en période d'activité sexuelle : le rouge à lèvres évoque symboliquement la congestion des lèvres sexuelles qui, dans le

règne animal, indique la disponibilité de la femelle. Les seins généreux et les mamelons érectiles renseignent sur la capacité d'allaitement tandis que les fesses évoquent de façon analogique le bassin, premier berceau prénatal.

La nature s'est bien débrouillée en mélangeant si habilement le désir sexuel et les comportements qui aboutiront à la perpétuation de l'espèce ! Ainsi, l'homme attend symboliquement de la femme qu'elle soit une bonne mère pour les petits qu'il lui fera – ceci à un niveau profond, archaïque, évidemment très nuancé par la culture : l'érotisme par exemple semble à l'antipode de la maternité, et pourtant on voit qu'au niveau du sens, il n'en est pas si éloigné.

Chez la femme

La femme attend de l'homme qu'il s'engage auprès de la tribu qu'il aura fondée, et qu'il la protège. Tous les signaux qui évoqueront symboliquement cette aptitude à protéger pourront être éminemment attirants. La force physique, la richesse, l'intelligence… n'importe quoi pourvu que l'homme se retrouve au centre du cercle ou au-dessus du panier.

Et ce pauvre homme qui croit qu'on attend de lui qu'il soit « gentil » – c'était sans doute l'attente de sa propre mère ! Leur femme cependant veut qu'il soit engagé, concerné, et surtout fort et déterminé. Gentil aussi, bien sûr, mais comme la cerise sur le gâteau, et certainement pas *au lieu* d'être fort et puissant.

Le désir à flux tendu

Finalement, le désir, l'attirance, l'amour au sens large sont des valeurs assez difficiles à gérer, surtout sur la distance. Il semble *a priori* impossible de capitaliser tous les signes de reconnaissance que l'on reçoit : il s'agit d'une richesse qui doit être utilisée dans la foulée pour construire et étoffer la relation humaine.

Prenons une métaphore pour mieux comprendre. Les entreprises qui vendent des biens de consommation sont souvent obligées de prévoir des stocks. En effet, la demande étant fluctuante, il est des jours où la consommation est plus importante que d'autres : le stock permet de « lisser » ces variations. Mais le simple fait d'entretenir un stock est extrêmement coûteux en termes de temps, d'espace, de gestion… Pour éviter le stockage, il faut travailler « à flux tendu » : on commande seulement ce qu'on pense pouvoir vendre rapidement. Attention alors à la rupture du flux qui va désorganiser le circuit et faire attendre le client, qui risquera alors d'aller voir ailleurs. Le « flux tendu » est une démarche élégante, économique, mais très risquée.

Quittons la métaphore marchande : l'amour est lui aussi à flux tendu. Il ne peut se stocker en prévision de jours difficiles. Bien sûr, les souvenirs ou la conscience d'être en lien avec ceux qu'on aime et qui nous aiment permettent de se sentir en communion et renforcent l'appartenance communautaire. Mais le désir, cet élan vital qui nous pousse à nous risquer sur le chemin de la rencontre, est une ressource qui n'occupe que l'instant présent.

Alors, il est possible de miser sur l'abondance de la vie et de s'offrir le luxe de désirer… à flux tendu, sans thésauriser !

Jalousie et rivalité

Quelle est la place de la jalousie ? Il fut de bon ton, surtout après 1968, de dévaloriser la jalousie et les jaloux. Ceux qui l'étaient s'en excusaient, ceux qui ne l'étaient pas s'en vantaient même si, au pied du mur, ils avaient du mal à tenir leurs promesses de tolérance. Alors, la jalousie est-elle une maladie ?

L'envie

Il faut d'abord s'entendre sur le sens des mots, et séparer la jalousie de l'envie et de la rivalité.

Nous avons parlé plus haut des envies, au pluriel. Nous avons vu combien, multiples et négociables, elles révélaient les différentes facettes de notre personnalité. Mais l'envie, au singulier, représente autre chose. En bonne place dans la liste des péchés dits « capitaux », l'envie représente la volonté de s'approprier ce qui n'est pas à nous. C'est donc improprement qu'on dit à un enfant voulant le jouet d'un autre : « Tu es jaloux ». Le français courant a entériné le glissement de sens, mais cet enfant est à proprement parler « envieux ».

Transposons ce qui peut se passer à l'âge adulte.

Si je vois que mon ami a trouvé une compagne intelligente et charmante, et que je veux séduire justement cette femme-là, je suis « envieux ». Rien ne m'empêche toutefois de me sentir attiré par elle et de traiter l'information ainsi reçue : je suis attiré par ce genre de femmes intelligentes et charmantes. À charge pour moi de la chercher, de la trouver… et de réussir à la séduire. Ce sera l'occasion de faire un pas sur le chemin de ma vie. Si je m'accapare ce que le voisin a acquis, d'abord je le spolie de son bien, ensuite je court-circuite ma démarche d'acquérir par moi-même ce que je désire. L'envieux, s'il doit se résoudre à ne pas posséder ce qu'il convoite, pourra se « défouler » en détruisant ce qui appartient à l'autre, ou en sabotant sa démarche.

Restons-en donc à des notions simples : non, ce n'est pas mal de désirer, même ce qui est aux autres. En revanche, mettre de l'énergie à le leur prendre, voire me dévaloriser car je n'ai pas la même chose, voilà les dégâts que provoque l'envie. Mieux vaut se savoir riche de ce qu'on a que de se prétendre pauvre de ce qu'on n'a pas !

La jalousie

Un sentiment positif

La jalousie est l'émotion qui surgit lorsque quelqu'un abîme, sabote ou dévalorise un élément ou une relation à laquelle on est soi-même attaché. C'est donc un sentiment tout à fait positif, sain, et proportionnel au niveau d'attachement que l'on ressent !

Imaginez que nous ayons travaillé ensemble toute la journée à décorer une magnifique plate-bande de fleurs délicates et rares. Tout à coup, sans faire attention, vous traversez notre plate-bande en écrasant les subtiles plantations. Vous imaginez bien ma colère : « Fais donc attention, bon sang ! Nous avons fait ensemble quelque chose de précieux, tu ne peux pas l'abîmer ainsi ! » Cette colère est proportionnelle à l'investissement que j'ai mis dans cette tâche.

Lorsque Juliette voit Roméo tourner autour d'une autre femme, elle ressent une jalousie bien compréhensible. Sa colère signifie en fait : « Je proteste contre le peu de cas que tu fais de mon amour pour toi, de ce que nous avons bâti ensemble. Tu cherches à vivre avec une autre les bons moments qu'il est juste que nous cherchions à vivre ensemble. J'attends de toi que tu restes auprès de moi et que nous découvrions ensemble comment faire pour que chacun trouve son compte au sein de notre relation. »

Des conséquences destructrices

Alors, si la jalousie est positive, profondément ancrée au cœur de chacun, pourquoi a-t-elle si mauvaise presse ?

C'est qu'elle est souvent accompagnée de sentiments satellites qui, eux, sont destructeurs. L'envie, en premier lieu, dont nous venons de parler, peut coexister avec une jalousie légitime, mais aussi un sentiment de dévalorisation de soi-même (l'impression de ne pas être à la hauteur, de ne pas « valoir » assez…) ou de l'autre.

L'analyse transactionnelle parle avec pertinence de « Position de vie » : au lieu de rester dans une position « OK++ » (je suis « + » et tu es aussi « + » : même si tu fais des choses qui me déplaisent et avec lesquelles je ne suis pas d'accord, je garde confiance en toi et je continue à te voir positivement en tant que personne), on passe en position « -/+ » (« je ne vaux rien et je te mets sur un piédestal ») ou « +/- » (« tous des minables, il n'y a que moi qui suis quelqu'un de bien »).

De plus, les gens jaloux ont souvent des comportements détestables. Ce n'est pas leur sentiment qui est à récuser mais bien plutôt la façon dont ils l'expriment : agressivité, menace, bouderie, chantage… Autant d'éléments contre-productifs qui vont donner raison à l'autre et l'encourager à aller vers quelqu'un de plus accueillant.

Celui qui voit son amour partir vers un autre sera donc bien avisé de s'interroger sur les raisons d'une telle distension du lien. Ce sera le moment de « reséduire » et, tout en montrant sa limite, de remettre de l'énergie dans un lien très mal en point !

Montrer sa limite

Des limites très différentes

Tout le monde n'a donc pas les mêmes limites. Même si on souffre que l'autre s'éloigne, cela n'est pas si simple. Nous avons vu que l'autre est de toute façon irrémédiablement attiré par la vie, où qu'elle se trouve : dans le sourire de la voisine, dans la façon de marcher du voisin ! En fait, chacun a construit inconsciemment les limites d'un monde à l'intérieur duquel il ne se sentira pas menacé.

Des années de conseil conjugal m'ont permis d'observer que des processus analogues se mettaient en place alors que les limites de chacun étaient bien différentes. Certaines personnes ne supportent ainsi pas que leur partenaire « regarde » : du coup d'œil volé à l'œillade prolongée, toute la gamme des regards est concernée. Et dans le catalogue des limites données, on trouve un bric-à-brac surprenant.

En voici quelques exemples (les pronoms sont au masculin ou au féminin de façon aléatoire, pour bien montrer que le genre n'a pas d'importance : chaque exemple peut provenir aussi bien d'un homme que d'une femme).

- S'il me trompe, qu'il se débrouille pour que je ne sache jamais rien.

- Si elle me trompe, je veux tout savoir, y compris les détails.
- S'il me trompe, je veux être là, éventuellement participer aux ébats.
- Si elle me trompe, au moins qu'elle ne l'embrasse pas sur la bouche.
- S'il me trompe, que ce ne soit jamais plus d'une fois avec chacune.
- Si elle me trompe, au moins qu'elle n'ait pas de caresses bucco-génitales.
- S'il me trompe, qu'il n'y ait pas pénétration.

On peut être effaré par cette liste, non exhaustive bien sûr, mais il faut comprendre que la limite ainsi posée installe une spécificité minimale dans le couple, précisant ce qui est considéré comme incontournable.

Comment raison garder ?

Il n'est pas question ici de morale mais de « cadre de référence ». Certains ont une façon de voir le monde qui peut nous sembler complètement étrange, voire aberrante ! Alors, revenons à des principes simples.

Si l'on est attaché, alors on est jaloux. Évitons de recycler notre jalousie au service de sentiments dévalorisants pour nous et l'autre.

Abstenons-nous de justifier par notre jalousie des comportements agressifs ou hostiles, qui ne font qu'aggraver le problème et éloigne encore plus la personne que nous aimons. On a besoin de négocier (c'est le maître mot) un accord acceptable.

Soirée de danse

J'ai entendu un couple raconter en consultation combien les soirées passées à danser avec des amis étaient devenues un cauchemar qui se terminait toujours par des disputes sur le thème de la jalousie. Ils ont commencé par expliciter clairement leur engagement à ne pas passer à l'acte sexuellement avec d'autres, ni à sexualiser ces rapports. Puis, chacun a dit ce qui lui était tolérable et ce qui ne l'était pas. Voici le résultat de la négociation :

La femme a dit : « Ce qui me fait mal, c'est quand tu enchaînes deux slows avec la même cavalière. J'aimerais que tu ne danses pas plus d'un slow avec la même femme. »

L'homme a dit : « Tu peux danser avec tous les hommes de la soirée, mais sans enchaîner deux fois avec le même, même pour un rock ! Et avec moi au moins tous les quarts d'heure ! »

Chaque demande fut acceptée par l'autre : cette négociation permit de calmer le jeu, et de terminer les soirées dansantes dans une meilleure ambiance.

La rivalité

La rivalité est une notion qui fait peur et qui évoque le combat sans merci. Quelle est sa place dans la vie amoureuse ? Elle décrit simplement le fait suivant : ce qu'on désire est aussi convoité par d'autres. C'est une situation incontournable, inhérente à notre nature humaine. Elle n'est donc *a priori* ni négative ni positive, ou plutôt elle a des aspects négatifs et des aspects positifs.

Positive quand elle est émulation, la rivalité encourage à progresser et à se dépasser. Contrairement à l'envie, c'est un cas où ce que l'on convoite n'est encore ni à l'un ni à l'autre : nous sommes à égalité. À charge pour chacun d'être, ce jour-là, le plus… rapide, riche, habile, séduisant, etc. Et si l'on a perdu cette fois-ci, la prochaine fois on gagnera !

Négative, la rivalité l'est lorsqu'elle donne l'occasion d'un conflit de pouvoir, d'un rapport de force. Dans ce cas, il n'y a pas de seconde chance : celui qui a perdu se sent brisé et rejeté dans son être même !

On a souvent l'illusion que le couple est un havre de paix d'où la rivalité est exclue. Mais il faut bien se rendre à l'évidence : il y a rivalité aussi entre les amoureux ! Il suffit de la reconnaître et de la gérer… avec amour et fair-play. Sinon, rendue souterraine par les non-dits, elle risque de ressortir sous forme de ressentiments et de jeux de pouvoir dans un contexte, pour le coup, difficilement gérable.

La relation amoureuse, c'est l'état de grâce de la rivalité : un rien suffit à tout faire basculer dans l'hostilité. Et il faut beaucoup de vigilance et d'attention pour entretenir la grâce !

PARTIE 2

DÉTRESSES ET OBSTACLES À L'ÉPANOUISSEMENT

CHAPITRE 4

LES OBSTACLES AU PLAISIR FÉMININ

Au programme

- **Faire l'amour sans désir**
- **Ce qui fait « tomber » le désir**
- **Faire l'amour sans plaisir**

Faire l'amour sans désir

Une libido en baisse

« Je n'ai plus envie de faire l'amour ! »

Bien des gynécologues entendent cette plainte plusieurs fois par semaine, les sexologues l'entendent plusieurs fois par jour, certains maris plusieurs fois par mois. Mais pourquoi diable le désir féminin se montre-t-il si fugace, si aléatoire, si fragile ? On dirait qu'il s'évente, comme un champagne qu'on aurait laissé ouvert ou maladroitement obturé par une petite cuillère tristement inutile.

Ne serait-il au rendez-vous qu'au tout début, quand le feu de la passion a pris le pas sur les autres sentiments ? Faut-il se résigner à le voir s'éteindre peu à peu et à ne reprendre une brève vigueur qu'à la rencontre d'un nouveau partenaire ?

Non ! Le temps n'est pas à la résignation, mais à la compréhension : si le désir sexuel disparaît, c'est que l'énergie vitale baisse.

La bonne nouvelle, c'est que l'on sait pourquoi. La moins bonne nouvelle, c'est que la solution n'est pas immédiate. Mais elle existe !

La libido ne disparaît pas corps et biens : tant qu'il y a de la vie, il y a du désir. Il est localisé, reste à le dénicher et à lui donner sa place. Pas si grave que ça !

Il arrive que les femmes banalisent la baisse de leur libido.

Martine, 43 ans, œnologue

Martine n'a jamais été « portée là-dessus ». Elle n'est pas contre faire l'amour de temps en temps, mais il peut se passer six mois sans que ça lui manque. Son mari râle un peu de temps en temps, bien sûr, mais il s'en accommode. Leur couple avance cahin-caha.

Martine doit-elle se considérer comme malade si elle n'aime pas trop faire l'amour ? A-t-elle le droit de ne pas aimer le champagne alors même qu'elle habite Reims ? Doit-elle aller consulter un médecin pour autant ?

Les dégâts sur l'estime de soi

La culpabilité

Les conséquences semblent surtout concerner le conjoint. C'est parfois à sa demande que la femme va consulter, c'est souvent en fonction de sa réaction que la femme se détermine.

Accepterait-il de venir pour en parler ? La réponse est souvent catégorique : « Sûrement pas ! Il dit que c'est mon problème, qu'il est normal, lui, comme tous les hommes ! » Effectivement, l'homme accompagne rarement sa compagne pour une telle consultation. Ou alors, c'est pour montrer à quel point le problème est bien chez elle !

Parfois, la femme elle-même entérine douloureusement ce diagnostic et exonère du coup son mari de toute responsabilité dans le problème sexuel du couple. Cette sujétion a un prix : la paix conjugale est achetée par la soumission féminine. L'image masculine en sort indemne, mais la dynamique du couple est cassée.

Aurore, 39 ans, juriste

C'est mon mari qui veut que je vienne consulter. Il dit que je suis tellement froide qu'il se demande si le haut ne fait pas congélateur ! Évidemment, quand il le présente comme ça, il fait rire ses copains. Moi, je ne sais plus où me mettre.

Au début, je me forçais un peu, et puis ça n'a plus été possible. Il a raison, ce n'est pas normal que je n'aie pas envie de faire l'amour. Mais d'un autre côté, il me sollicite trop souvent. Quand je lui en fais la remarque, il me dit que c'est une marque de virilité et qu'on aura bien le temps de se reposer quand on sera vieux. Je ne sais pas que répondre. Alors, je viens chercher un médicament qui me redonnera envie, car je crains qu'il aille voir ailleurs !

Le risque dépressif

Avec des antidépresseurs, Aurore aurait une impression fugace et trompeuse de retrouver un peu de tonus sexuel. Mais sa personnalité sous-jacente continuera de se sentir méconnue et s'épuisera dans de vaines tentatives pour convenir à son mari, et même à tout le monde.

Parfois, la femme ne s'aime pas dans son état de « non désirante ». Elle sait intellectuellement que ce n'est pas normal, elle se souvient de son bien-être au temps où elle avait encore envie. C'est donc plus par nostalgie qu'elle cherche à reconquérir sa libido, ou parce qu'elle sent confusément qu'il y va de sa vie. Elle survit dans le quotidien, mais elle risque de glisser peu à peu dans une non-vie qui finira par la dévorer.

Celles qui réagissent à temps évitent le piège sombre de la dépression, mais elles ont besoin d'un sacré coup de main pour se réhabiliter à leurs propres yeux, et certaines interrogations les taraudent. La question « Est-ce normal de ne plus avoir envie ? » laisse la place aux plus personnels « Suis-je normale de ne plus avoir envie ? » ou « Pour l'instant mon mari est compréhensif, mais si cela persiste, va-t-il aller "voir ailleurs ?" » C'est finalement toute l'image que la femme se fait de sa féminité et de son couple qui est en jeu.

Il existe peu de solutions spontanément satisfaisantes pour compenser une situation qui n'est pas vraiment une maladie : refuser les rapports sexuels que le conjoint demande, simuler désir ou plaisir, ruser (décaler l'heure d'aller se coucher, beaucoup plus tôt ou plus tard que son mari, etc.) ou subir passivement les assauts d'un homme dont on ne partage plus le feu sexuel.

Le problème peut en cacher un autre

Un équilibre fragile

Ce symptôme est au carrefour de nombreux éléments relationnels, émotionnels, voire psychiatriques, et peut être considéré comme la partie émergée de l'iceberg. Le désir sexuel féminin est très dépendant de son état intérieur. *Un homme a besoin de faire l'amour pour se sentir bien, une femme a plutôt besoin de se sentir bien pour avoir envie de faire l'amour.*

Une dispute avec le partenaire dans la journée ? Un souci concernant les enfants ? Une remarque désobligeante du patron ? Voilà que disparaît le désir sexuel[3] ! Comme si la femme avait en priorité besoin de s'apaiser, d'être réconfortée. La perte de la libido est en effet une conséquence de la défaillance de l'élan vital, mais c'est aussi le point de départ d'une remise en question personnelle et relationnelle : est-ce que je l'aime encore ? Suis-je encore une femme ?

Toutes les situations intermédiaires sont possibles, depuis la femme satisfaite de sa vie en général, notamment grâce à la maternité, et dont le sexe est le dernier des soucis, jusqu'à la femme gravement dépressive qui a perdu le goût de tous les plaisirs de la vie.

3. C'est aussi le cas de certains hommes, mais le délai de retour à la normale est souvent plus court que pour les femmes.

Trouver l'origine

Avons-nous affaire à une situation passagèrement bloquée, à un problème qui concerne la structure même du couple, ou s'agit-il même d'un trouble psychiatrique débutant ?

On peut comparer le désir à un « colorant » de l'identité, au sens où le colorant fait exister la toile brute : une personne qui ne serait pas « colorée » par le désir ne pourrait pas avoir de vie réelle.

Les troubles du désir sont ceux de la fonction désirante et ne se résument pas à l'incapacité à ressentir ce désir. Un équilibre, certes fragile, peut néanmoins être trouvé malgré ce déficit de désir sexuel ; on a pu voir de réels drames se dérouler au moment où un traitement « volontariste » a cherché à provoquer, dans tous les sens du terme, une reprise libidinale (rupture conjugale inopinée, déstabilisation professionnelle, aggravation d'une maladie psychiatrique…).

L'important est de repérer le problème central, celui dont découlent tous les autres. On ne peut pas toujours remonter la cascade jusqu'au problème unique à l'origine de tous les autres, mais il est très éclairant de gravir au moins quelques échelons.

Monique, 27 ans, comptable

Monique se plaignait de ne jamais avoir envie de faire l'amour avec son mari, ni avec d'autres hommes, d'ailleurs. Après les premiers mois, et les premières disputes, son désir a fondu comme neige au soleil. Elle devait se forcer pour accomplir ce qu'elle appelle son « devoir conjugal ».

Monique explique que de fréquentes disputes avec son mari lui ôtent toute envie de se « brancher sexe ». Elle a le sentiment qu'il ne la considère pas, ne la respecte pas, qu'elle n'a pas sa place près de lui. Ainsi, il donne systématiquement raison à sa mère. De plus, Monique a du mal à supporter la cohabitation avec sa belle-mère.

Et elle qui venait consulter pour une baisse de libido ! Elle existait, c'est sûr, mais il s'est vite avéré que le problème venait de plus loin. Elle décida d'être plus ferme et fit en sorte que sa belle-mère aille trouver refuge ailleurs que chez eux — et elle retrouva goût à la sexualité.

Toutes les histoires ne sont pas aussi claires que celle de Monique, mais la sienne a le mérite d'être véridique et édifiante !

Ce qui fait « tomber » le désir

Drogues et médicaments

De nombreux éléments peuvent émousser la disponibilité sexuelle de la femme et même faire disparaître tout désir sexuel.

L'abus d'alcool ou l'usage de drogues, tout d'abord. Ces substances mettent la femme dans un état second fermant la porte à toute rencontre et encore plus à la sexualité. Certaines drogues ont, à tort, la réputation d'ouvrir à la sexualité : le haschich perturbe l'humeur et peut tout aussi bien enfoncer dans une dépression solitaire et agressive. Quant à l'ecstasy, elle est improprement classée dans les aphrodisiaques. Cette drogue se borne à stimuler le besoin de contact humain et celui de recevoir des câlins, d'être pris dans les bras. Cela peut, certes, être le préambule à un acte sexuel, mais ça provoque plutôt une crise régressive infantile !

Prenez garde aussi aux médicaments qui agissent sur le psychisme (antidépresseurs, tranquillisants, etc.) et qui font baisser l'hypertension artérielle. Certains ont été suspectés de faire baisser la libido.

Une question reste en suspens : celle de la pilule. En effet, elle contient de la progestérone, hormone féminine et plutôt maternelle qui diminue vraisemblablement le désir, mais en dose si faible que l'on envisage que la baisse de libido liée à la pilule soit d'origine psychologique. Certaines femmes, même si elles ne veulent pas d'enfant dans l'immédiat, ont besoin de se sentir fécondes (sinon fécondables) pour accueillir leur désir de femme. Une « stérilité », même passagère et réversible, obture leur accès au désir et à la jouissance. Cela se résume-t-il à un conditionnement culturel ou bien existe-t-il un mécanisme psychique plus profond ? La question n'est pas tranchée.

Pour d'autres, le mécanisme fonctionne exactement à l'envers. C'est seulement à l'abri de tout risque de grossesse qu'elles peuvent tranquillement s'épanouir.

Souffrance et peur de la souffrance

Abordons un élément plus corporel : la souffrance physique ou la peur de la souffrance. Lorsque la douleur siège à l'entrée du vagin, elle est généralement due à une infection locale qu'un traitement adéquat suffira à faire disparaître. Cette infection peut intervenir à la suite d'un rapport sexuel (maladie sexuellement transmissible) ou bien inopinément. Parfois, une contracture des muscles situés autour du vagin est douloureuse. Quelquefois, la douleur est ressentie profondément, en plein bas-ventre : l'avis d'un médecin est alors absolument nécessaire.

Incriminons également la crainte des conséquences du rapport sexuel : grossesse non désirée ou maladie sexuellement transmissible, culpabilité en cas de relation extraconjugale, etc.

Éducation et préjugés

Le legs parental

Souvent, ces douleurs viennent d'une éducation rigide et culpabilisante vis-à-vis de la sexualité. Certaines femmes se plaignent en disant : « Chez moi, c'était tabou, on n'en parlait jamais ». Mais cette situation n'est pas si dommageable qu'il y paraît.

Le fait de ne pas parler de quelque chose ne constitue pas en soi une interdiction de le faire, ni d'en parler ailleurs que dans le milieu familial ! De plus, le fait que parents et enfants partagent les petits secrets de la sexualité constitue une relation bien plus destructrice. Hormis les informations sur la protection, la sexualité des enfants ne regarde pas les parents et, réciproquement, la sexualité des parents ne regarde pas les enfants. En cas de questions indiscrètes, il ne faut pas hésiter à frustrer les enfants en leur expliquant que cela est privé, secret, et qu'ils n'ont pas à le savoir.

Suzy, 48 ans, commerçante

Pour moi, ça n'a jamais très bien marché, avec les hommes. Ils disent que je ne suis pas un bon coup ; je sais ce que ça veut dire et ça ne me plaît pas trop. Depuis l'enfance, j'entends ma mère dire qu'elle déteste « passer à la casserole » ! Quand j'étais petite, je croyais que ça voulait dire faire la vaisselle ! J'ai compris vers douze ans ce que ça signifiait pour elle, et depuis, elle n'arrête pas de m'en parler. Ma mère et moi, on est très proches. Je crois que si j'étais épanouie sexuellement, j'aurais l'impression de la trahir, de lui faire faux bond, de réussir ce qu'elle a raté.

La sexualité des parents ne regarde pas les enfants

Les enfants doivent être préservés de tout accès à la sexualité des parents et des grandes personnes en général, y compris par l'intermédiaire de confidences soi-disant complices, mais en fait complètement destructrices.

La sexualité des enfants ne regarde pas les parents

Les parents doivent s'interdire de rechercher toute information ou confidence que ce soit dans ce domaine. Ils doivent se borner à donner des informations d'ordre général concernant les valeurs et la santé. Si les enfants ont besoin d'en parler à des adultes, ils doivent pouvoir le faire avec des personnes extérieures à la famille et, si possible, dûment formées à cet exercice. En effet, le concept de violence peut se transposer sur la sexualité :

- deux personnes au même niveau de génération sont en situation de pouvoir établir une relation sexuelle ;
- si deux personnes ont une relation sexuelle, c'est qu'elles sont au même niveau de génération.

Cette considération peut avoir deux types d'applications :

- une relation sexuelle entre deux personnes de niveau de génération différente sera incestueuse et donc destructrice pour le plus faible[4] ;
- si les partenaires sexuels attendent de l'autre qu'il joue le rôle d'une bonne mère ou d'un bon père, ils s'installent dans une disparité symbolique susceptible de faire fondre leur libido comme neige au soleil.

Muguette, 39 ans, professeur de musique

Tous mes « maris » m'ont quittée car, au bout d'un moment, je n'avais plus envie de faire l'amour avec eux. Mais bon, c'est normal, on sait bien qu'un couple ne peut pas tenir longtemps. Ceux qui disent le contraire n'ont qu'à regarder autour d'eux ! De toute façon, si mes parents ont divorcé, c'est bien à cause de ça, c'est ma mère qui me l'a dit. Je ne vois pas pourquoi je ferais mieux qu'eux !

La « quête » orgasmique

La société transmet parfois des préjugés péremptoires. Ainsi, la sexualité clitoridienne est dévalorisée, qualifiée d'« adolescente », au profit de l'orgasme vaginal. On imagine qu'il existerait une voie royale de l'orgasme, que le « vaginal » sans stimulation clitoridienne serait un Graal. De nombreuses femmes l'ont cherché en vain toute leur vie, en se qualifiant au passage de « frigides ». Le découragement provoqué par les échecs répétés (pas d'orgasme sans stimulation du clitoris) finissait par avoir raison de leur libido : à quoi bon essayer pour courir toujours à l'échec ? En fait d'échec, elles ressentaient d'authentiques et parfois fulgurants orgasmes, mais qui, sans l'estampille « certifié exclusivement vaginal », n'avaient aucun cours sur le grand marché de leur sexualité.

Certaines femmes sont surprises d'apprendre que le simple mouvement de va-et-vient du « piston pénien » (une expression de sexologue à employer avec prudence) n'est susceptible de provoquer un

4. En fait, pour les deux, mais les dégâts seront plus évidents et plus durables pour la personne la plus fragile, celle de la génération inférieure.

orgasme que dans un contexte amoureux et affectif très intense, et que le clitoris est toujours concerné par l'apparition de l'orgasme. Il n'y a pourtant rien d'infantile ni de malsain à utiliser sans modération le seul organe humain destiné exclusivement au plaisir sexuel : le clitoris. Et c'est la femme qui le porte !

La sexualité féminine est complexe et subtile. Les sensations profondes se diffusent à partir du bas-ventre, *et* une sexualité harmonieuse intègre évidemment une source vaginale et clitoridienne ! La guerre des orgasmes n'aura pas lieu : du clitoris ou du vagin, l'essentiel est que le corps exulte.

Les conflits de couple

Absence d'érotisme dans le couple, souvent associée au manque d'attention du conjoint ; accumulation de griefs conjugaux aboutissant à une tension qui s'aggrave de jour en jour ; partenaires se désespérant mutuellement par des propos toujours plus agressifs ou, au contraire, s'évitant soigneusement pour diminuer les risques de conflit… Autant de « tueurs de désir ».

Charlotte, 41 ans, mère au foyer

Évidemment, c'est facile d'aimer quelqu'un qui vous aime ! Quand je suis gentille avec mon mari, c'est normal qu'il le soit aussi. Mais j'ai besoin de savoir s'il m'aime vraiment ! Donc, si je suis odieuse, agressive, qu'on ne fait l'amour qu'une fois par mois et qu'il reste quand même, alors là, j'ai vraiment testé ! Le problème, c'est que je n'ai jamais de preuve définitive de son amour : je suis obligée de tester régulièrement. Ça fait dix ans que ça dure et je ne vois pas comment ça pourrait s'arrêter. Mais bon, c'est trop facile, aussi, d'aimer une femme qui vous fait vos quatre volontés !

Attentes et performances

L'anxiété et la dépression sont les deux principales prisons du désir, surtout si la femme se persuade qu'il faut absolument qu'elle ait envie. Elle peut ressentir la crainte de la contre-performance, dans le cas où elle instaurerait dans sa sexualité un aspect normatif (« obligation » de satisfaire son partenaire, par exemple). Chaque « échec » a un caractère d'autorenforcement rendant l'expérience suivante encore plus inhibitrice. Cette peur de ne pas être à la hauteur est souvent liée à une suradaptation excessive au rôle social de la femme, comme la crainte de transgresser un interdit culturel ou religieux à propos de la virginité ou du plaisir.

La baisse de libido peut également être en rapport avec une peur de perdre le contrôle de soi, de sa vie, comme si le désir et le laisser-aller qu'il risque d'entraîner venaient menacer une vie trop bien rangée. La femme est souvent prise entre deux écueils : assumer son désir, son plaisir, et passer, dans certaines cultures, pour une femme légère, ou bien choisir de passer pour une femme « respectable » et digne… mais s'ennuyer à mourir !

Gabrielle, 27 ans, employée EDF

Avec Jean-Michel, ça marchait très bien au début. J'avais vraiment envie de faire l'amour quand on se voyait. Puis il a commencé à envisager de venir vivre avec moi. Je crois que je n'étais pas prête à aller si loin avec lui. Il m'a même dit qu'il voulait un enfant. Ça m'a émue sur le moment, mais c'est vraiment trop prématuré. Je ne veux pas laisser mon père : il habite à 200 mètres de chez moi, il est veuf, il n'a que moi. Je ne sais pas pourquoi, mais depuis que je sais combien Jean-Mi est attaché à moi, je me sens bloquée, j'ai beaucoup moins envie de faire l'amour avec lui, comme si je ne voulais pas lui en donner trop… Je revois parfois Hervé, en cachette de sa femme. Avec lui, pas de problème, j'ai toujours envie !

Des désirs décalés

Une femme sans compagnon stable, ayant donc des rapports sexuels dépendants de rencontres épisodiques, présente souvent une adaptation de sa libido, qui est subordonnée, d'une certaine manière, à l'aspect affectif ou amoureux de la relation. « S'il n'entend pas le cœur qui bat, le corps non plus ne bronche pas », chantait Georges Brassens.

Les femmes sont souvent étonnées, voire décontenancées ou blessées, de constater chez les hommes la permanence d'un besoin sexuel non spécifique qui semble même préalable à la rencontre amoureuse. En effet, même en l'absence d'une relation personnelle, les hommes peuvent continuer à désirer tous azimuts, pour peu qu'une silhouette, une mimique ou une jupe courte attire leur regard.

Le décalage sexuel au sein du couple a parfois d'étranges conséquences : la disparition de la libido peut équivaloir à des représailles, comme si, inconsciemment, la femme acceptait de se priver de son élan sexuel afin de « punir » son compagnon en le frustrant. On a même pu mettre en évidence une « tarification » inconsciente, par exemple :

- une méchanceté devant tout le monde (« ceinture » ce soir) ;
- refus de venir manger dimanche chez ma sœur (« ceinture » trois jours) ;
- invitation surprise de ses copains alors que j'avais prévu de me coucher tôt (« ceinture » une semaine).

Même si la femme est frustrée, elle l'est beaucoup moins que son mari : elle peut « tenir » plusieurs semaines, lui, à peine quelques jours. Faites le calcul.

Il n'est pas facile pour une femme de reconnaître qu'elle joue à ce jeu, même inconsciemment. Personne ne peut néanmoins lui jeter la pierre : dans un couple, chacun joue ses cartes. L'idéal serait évidemment d'expliciter le conflit et de le régler avec un fair-play bilatéral, en négociant une solution acceptable pour tous deux. Il n'est pas interdit de rêver de ce genre de relation conjugale !

Parité et parentalité

Finalement, le désir sexuel est le carrefour de nombreux enjeux. La femme trouvera-t-elle sa place à travers la nécessité d'être à la fois partenaire sexuelle, mère et compagne ? Saura-t-elle faire la part des projections inconscientes de son mari sur elle ?

On aborde souvent l'âge adulte avec des attentes venues du fond de l'enfance : trouver enfin la bonne mère qui nous comprendra, nous câlinera, nous acceptera quoi qu'il arrive... Trouver un bon père qui nous protégera et mettra sa puissance au service de son amour pour nous, nous cadrera avec bienveillance, nous guidera et nous encouragera... Nous allons donc « projeter » ces attentes sur notre partenaire et, ce faisant, l'installer inconsciemment et malgré lui dans un rôle de bon parent. Il jouera ce rôle, bon gré mal gré, et commettra tôt ou tard des erreurs qui nous feront déchanter.

Mais au passage, le désir, qui ne fleurit que dans la parité, se sera épuisé dans une relation à un « parent » et nous aura fait basculer dans les zones sombres de l'inceste. En effet, on pourra qualifier cet échange d'incestueux[5], car il y est question à la fois de sexe (puisqu'il s'agit d'un couple) et de parent (puisqu'on projette cette image sur le partenaire).

Peut-être faudra-t-il, pour comprendre, rechercher dans la famille d'origine (on parle désormais d'approche transgénérationnelle) un acte sexuel aux conséquences dommageables ? La recherche est d'autant plus difficile que ce viol, cet inceste, cette « fille-mère », tous ces événements datent parfois de plusieurs générations et que le secret qui les a entourés en a alourdi les conséquences inconscientes au lieu de les faire basculer dans l'oubli.

La baisse de libido n'est pas une maladie

De nombreuses femmes s'en accommodent. C'est souvent le conjoint qui est porteur de la frustration, donc de la plainte. La solution passe par une remise en route de la relation, plus respectueuse, plus franche aussi, en acceptant de « mettre sur la table » les non-dits et les ressentiments. Il faudra sûrement retrouver le

5. Dans ce cas : relation mal positionnée, trop intime, là où il faudrait plus de distance respectueuse.

goût de faire ensemble des choses nouvelles, de réinvestir charme, surprise et séduction… La femme en butte à cette difficulté gagnera à identifier son désir, à l'exprimer puis à le satisfaire. Autrement dit, elle pourra se donner la permission de ses fantasmes.

Les possibilités de remise en route du désir sont basées sur la reprise de la confiance en soi et la communication dans le couple. Seul un travail sur soi (psychothérapie, sexologie, etc.) peut venir à bout des blocages les plus profonds, dont la femme n'est en général pas consciente. En cas de vécu traumatisant, l'*EMDR* (Eyes Movement Desensitization and Reprocessing)* est une technique particulièrement adaptée[6].

Faire l'amour sans plaisir

À la recherche de l'orgasme perdu

Le « bof-sexe » : l'homme a du mal à l'envisager, lui qui a un orgasme à chaque fois qu'il éjacule. Même si cette règle souffre quelques exceptions, elle l'installe dans une systématisation qui le met à l'abri de la question du plaisir. L'essentiel, pour lui, concerne le déroulement de l'acte. S'il a lieu, c'est gagné. Son plaisir pourra être plus ou moins intense, mais un minimum est quasi assuré. C'est loin d'être le cas pour une femme.

D'abord, c'est la moindre des choses, il ne faut pas qu'elle ait mal, dans son corps ou dans son être. Elle peut avoir mal aux dents, à la tête, au ventre, etc., ou encore souffrir d'une maladie grave, douloureuse ou invalidante, physique ou psychologique, qui va littéralement court-circuiter son énergie vitale. Comme nous le verrons, elle peut aussi avoir mal à l'endroit même du rapport, dans son sexe ou dans son bas-ventre. Et même non douloureux, le rapport sexuel n'apporte pas forcément de plaisir, et encore moins d'orgasme.

6. Voir notre ouvrage *L'EMDR*, Paris, Eyrolles, 2013.

Certaines femmes s'y résignent, d'autres accumulent de la déception, d'autres encore du ressentiment. Différentes hypothèses peuvent expliquer comment le délicat mécanisme du plaisir féminin peut se « gripper » au point de ravaler l'acte sexuel au rang d'une activité routinière ou d'une corvée nécessaire à l'équilibre du partenaire, donc du couple.

Une question de savoir-faire

Une source de plaisir double

En fait, les choses sont assez simples, mais il est rare qu'elles soient enseignées de façon claire : la jouissance féminine développe ses harmoniques dans tout son bassin. Si le clitoris sait jouer sa partition quasi à coup sûr, le vagin est à l'origine de sensations diffuses, profondes, subtiles. L'utérus, qui se contracte doucement, participe à la fête. Surtout sensibles à la pression, les parois vaginales le sont moins au frottement. Au cours du coït, le gland du pénis doit donc exercer une stimulation qui ressemble à un massage interne.

Le plaisir clitoridien est assez facile à obtenir avec l'aide d'un doigt, d'une bouche, d'un vibromasseur, du croisement des cuisses, etc. Mais cette jouissance précise est parfois qualifiée par les femmes de « superficielle ». L'idéal est la combinaison harmonieuse entre plaisir clitoridien et plaisir vaginal, le premier pouvant servir de starter et de déclic pour basculer vers l'orgasme, le second de caisse de résonance à des sensations plus vastes, plus variées et plus prolongées !

C'est la stimulation du clitoris et de la zone située au-dessus de lui qui entraîne l'orgasme le plus intense et requiert le moins d'énergie chez une majorité de femmes[7]. Concernant la sensibilité vaginale, plus la pénétration est profonde, plus l'orgasme est intense et l'énergie nécessitée moindre, mais la sensibilité sexuelle du vagin reste inférieure à celle des organes génitaux externes.

7. Schober in *British Journal of Urology*, septembre 2004.

Découverte et variations

L'orgasme à point de départ clitoridien est souvent le premier qui est ressenti au moment de l'adolescence. Puis, la jeune femme aura l'occasion de découvrir que l'introduction d'un élément doux et oblong dans le vagin complète la sensation de plaisir et peut l'intensifier. Le pénis de son partenaire, ferme et souple à la fois, est évidemment l'hôte le plus apprécié. C'est dans le contexte d'une relation amoureuse que les sensations orgasmiques sont bien sûr les plus fortes.

Parfois, la sensation agréable ne bascule pas vers l'orgasme. La femme peut s'en trouver frustrée ; elle serait alors bien avisée d'aider à ce chavirage avec son clitoris, précisément placé là pour cet usage. Mais elle peut également se trouver bien aise de cette sensation « suspendue » et garder en elle une impression diffuse de bien-être qui peut l'accompagner durant plusieurs heures. Elle profitera alors des conséquences heureuses de sa sexualité féminine, rendant par là même l'homme un peu jaloux de cette expérience intime.

Une question de pudeur

Certaines femmes n'ont donc pas eu la chance d'avoir accès à une « formation de base » aussi claire que les propos qui précèdent. Leur propre corps est mystérieux : sans doute une extrême pudeur leur en a-t-elle interdit l'exploration. Se sont-elles un jour accroupies au-dessus d'un miroir pour contempler et détailler les délicats replis de leur sexe, débusquer le petit bouton de rose clitoridien, repérer l'entrée de leur vagin et, entre les deux, l'orifice d'où sort leur urine ? Ou n'ont-elles jamais eu cette curiosité ? Contrairement au pénis, le clitoris est bien caché !

Haro sur la masturbation féminine

Méconnaissance de l'anatomie, donc, mais aussi parfois idées reçues. L'une des plus fréquentes est le mépris dans lequel est tenue la masturbation : certaines patientes considèrent que ça n'a pas de sens de « le » faire seule.

Imaginez un violoniste, un époustouflant soliste virtuose, qui joue avec un orchestre philharmonique. Il est en osmose totale avec tous les autres musiciens et le chef d'orchestre. Rentré chez lui, il se couche et s'endort. Au matin, après sa douche et son petit-déjeuner, il voit son violon posé sur la table. Il s'en saisit et joue, pour lui seul, durant un moment. Il se fait plaisir et n'en jouera que mieux, le soir venu, avec les autres musiciens… Lui recommanderiez-vous de s'abstenir de sa pratique solitaire ?

Parfois, le couperet du pseudo-bon sens populaire persiste et signe : « D'accord, mais le sexe et la musique, c'est quand même pas pareil ! » Il faudra, pour continuer la sexothérapie dans ce cas, faire avec cet incontournable *a priori*.

Le clitoris et les splendides sensations qu'il procure sont ainsi parfois purement et simplement éliminés de la sexualité. La sentence est fondée sur le fait que « ce sont les adolescentes qui font ça » et que le vagin, l'organe sexuel des grandes personnes, doit prendre le relais et ne vibrer qu'au va-et-vient pénien. On retrouve là les séquelles d'une peur ancestrale : et si la femme pouvait se passer de l'homme ? Et si sa jouissance était autonome ? Le risque d'une telle émancipation menacerait la cohésion du couple et de l'entité familiale ! Le plaisir des femmes est bien l'une des plus grandes menaces pesant sur l'humanité…

Une question d'image

Tout ou rien

Un autre facteur peut bloquer le plaisir sexuel chez une femme : la peur de passer pour une libertine. Il faut dire que la route est étroite entre deux images dévalorisantes. Ou bien elle est froide et coincée, en un mot une frigide ; ou bien elle est chaude et désirante, en un mot une prostituée !

Le choix est limité et les deux qualificatifs ont tout faux, même si, à tout prendre, celui de « frigide » est peut-être le plus supportable : cette distance avec soi-même donne une façon de savoir se contrôler, de continuer à regarder le monde avec la tête froide qui peut convenir à certaines. Mais n'est-ce pas finalement une façon de prendre un peu le pouvoir et de continuer à jouer à « Je ne suis pas celle que vous croyez » ? Se montrer désirante et jouissante, au contraire, serait comme avouer une dépendance insatiable. Dans l'imaginaire masculin, qui prédomine idéologiquement, le désir féminin est illimité et son plaisir, de ce fait, forcément inextinguible. La preuve ? Elle peut enchaîner les orgasmes, performance dont les hommes sont incapables !

Les images concernant la femme heureuse de son plaisir sexuel sont la plupart du temps dégradantes : salope, chienne en chaleur… Hormis dans un exceptionnel climat amoureux, la femme a beaucoup de mal à se « réhabiliter » à ses yeux et à ceux des autres. Elle ne peut s'appuyer sur aucune image suffisamment forte pour s'imposer comme un modèle social acceptable, et l'accusation la plus cinglante est aussi la plus invraisemblable : putain ! Pourtant, la prostituée, elle, se caractérise dans l'imagerie populaire par sa vénalité, et l'on sait bien que c'est cette dernière qui justifie la multiplicité de ses partenaires, et non sa lubricité !

Pourtant, malgré l'approximation, l'association « femme sexuelle = putain » continue de fonctionner dans l'inconscient collectif. La jeune fille qui s'habille sans recherche, ne se coiffe ni se parfume, sera vite traitée de laideron. Mais qu'elle passe un peu trop de temps dans la salle de bains, qu'elle se maquille ou s'habille un peu sexy, et elle s'attirera d'autres sarcasmes encore plus désobligeants.

Une image inégale

Le désir ne trouve pas son point de départ vers une personne en particulier, mais il prend sa source à l'intérieur de nous. Il ne viendra concerner l'autre que secondairement (cette notion est souvent rappelée dans cet ouvrage). Aussi, on peut imaginer qu'une femme qui cherche à prendre du plaisir risque plus d'être infidèle que celle qui n'en prend pas. Voilà l'arrière-fond du problème qui se révèle.

L'homme peut multiplier les partenaires, il apparaîtra comme viril et séducteur, se situant dans la lignée de ses ancêtres animaux qui pouvaient ensemencer un troupeau entier, pour le plus grand bien de la perpétuation de l'espèce. Mais si la femme multiplie les partenaires, elle brouille les pistes de la filiation et, surtout, met en péril la pérennité du soutien qu'elle apporte à son mâle protecteur. La relation de couple est menacée autant que le tissu social. C'est la conscience diffuse de cette menace qui interdit, chez certaines femmes, l'accès au plaisir. Elles pressentent que leur environnement est plutôt hostile ou peu protecteur, et ne peuvent pas se permettre de le fragiliser encore avec un comportement qui les ferait passer pour des ennemies de l'ordre public !

Là où la « frigide » attirera généralement une moue attristée, presque compatissante, la « dévergondée[8] » suscitera un regard méprisant et inamical. Dès lors que le choix se pose en ces termes, on comprend que beaucoup choisissent le camp de la tiédeur.

La voie de sortie réside dans un changement des mœurs, qui semble en passe de se réaliser (par exemple dans la publicité avec la valorisation de femmes gourmandes, souriantes, voire avides). Mais malgré tout, les mentalités restent « machos » et les femmes ont encore un long combat devant elles avant d'atteindre l'acceptation inconditionnelle de leur plaisir sexuel. Une question de lâcher prise : tout, sauf perdre le contrôle !

8. Ou la « gourgandine », selon le titre du beau roman de Françoise Rey, Paris, Albin Michel, 2002.

Une question de partage

Prendre et donner

Une femme qui a du plaisir se *donne*. Elle donne ce plaisir à un partenaire pour qu'il en fasse bon usage. Les hommes, qui *prennent* plutôt du plaisir, ne savent pas très bien comment fonctionne la délicate alchimie du plaisir donné. Ils comprennent bien que l'on puisse « donner du plaisir » à son partenaire, mais ne font pas bien la différence avec « faire plaisir à » son partenaire ; le rapport sexuel est un moment si fugace que la question reste un peu intellectuelle, sauf pour les impuissants et les éjaculateurs rapides, mais nous y viendrons dans un prochain chapitre.

Passé le moment de fierté d'être les auteurs (les créateurs !) du plaisir qu'ils ont « donné », ils se rendent compte de la lourde responsabilité qu'ils portent dès que ce plaisir se révèle insuffisant. On n'a rien sans rien : pas de privilège sans responsabilité…

Mais voilà que l'on reparle encore de l'homme ! Je ne l'évoquais que pour citer sa difficulté à comprendre comment on peut offrir un plaisir… que l'on ressent soi-même ! Cette drôle de générosité – féminine s'il en est – est un cadeau qu'il est malaisé de recevoir tel quel. L'homme se contentera, en général, d'y voir la preuve de sa virilité, de son pouvoir sur la belle, bref, une légère supériorité, tentation de se sentir un peu « propriétaire » : j'ai été accueilli au plus profond de l'être aimé, j'y suis donc chez moi, je m'y installe avec mes gros sabots- fermez le ban.

Partager

Pas si simple ! En effet, si la femme veut bien s'ouvrir, se donner et surtout subordonner son plaisir à la vertu de la relation amoureuse, il ne s'agit en aucun cas d'une capitulation ! C'est au contraire un acte libre, délibéré, celui d'attribuer à son partenaire une place dans un espace qui aurait très bien pu rester personnel.

Puisqu'on ne peut réellement ressentir ni la souffrance ni la jouissance de l'autre, la femme transcende en quelque sorte cette irrémédiable solitude de la sensation en donnant à l'autre ce qu'elle s'octroie à elle-même : la jouissance. Elle renonce à se sentir propriétaire d'un ravissement qui l'aurait laissée seule et prend le risque du partage, dans l'espoir que cette ouverture comblera celui qui jouit d'elle en même temps. On peut comprendre qu'un climat particulièrement favorable préside à un tel échange. Si ce n'est pas le cas, l'ambiance change comme à l'arrivée de l'orage en plein été : la magie disparaît, et ces deux-là ne sont vraiment plus ensemble.

Une question de sens

Et après le plaisir ?

« Tout ça pour ça ? » : certaines femmes n'ont aucun mal à ressentir du plaisir mais n'y voient finalement aucun sens. Le sens du plaisir ? Quelle question absurde ! Le sens du plaisir… c'est le plaisir, voilà tout !

Chacun cherche confusément à orienter sa vie, à lui trouver un orient, un point de repère d'où voir chaque jour le soleil se lever à coup sûr. Une sensation forte, comme le plaisir sexuel, demande à être éclairée par un devenir, une relation, une évolution.

Les hommes trouvent un sens « tout prêt », et ensuite, ils se sentent bien et détendus. Les femmes aussi, à ceci près que leur ouverture les a mises dans un état de réceptivité et d'attente d'une potentialité qui peut les laisser sur leur faim. « Tu as encore faim ? » s'exclame l'homme, toujours prompt à penser que la femme fonctionne comme lui. « Viens donc, que je te fasse jouir encore, tu seras rassasiée ! » Perdu ! La femme ne veut pas nécessairement renouveler sa jouissance physique, même si elle fut puissante et délicieuse ; elle veut en vivre, la laisser résonner dans un espace qui la fasse fleurir. Elle veut bien que des graines soient plantées, mais elle attend de les arroser, de guetter les jeunes pousses… Eh oui ! La germination, c'est son domaine et, en bonne professionnelle, elle conçoit mal de semer et de s'en aller aussitôt après. Certaines, plutôt que de participer à un tel gâchis, préfèrent s'abstenir ou se consacrer à d'autres tâches. Mais comment trouver les mots justes pour expliquer cela ?

Marion, 49 ans, styliste de bijoux

Je n'ai jamais eu de problèmes pour jouir. Je dirais que mon corps a toujours bien « fonctionné ». Bien sûr, il fallait un minimum : une relation amoureuse, même fugace, faisait l'affaire. Un peu de savoir-faire, un contexte pas trop menaçant et je partais vers le septième ciel. Ce qui m'a arrêtée dans mon élan, c'est un événement qui s'est passé un matin, après une nuit d'amour.

L'homme, Don, un ami américain, dormait encore, je buvais mon café devant la fenêtre. Il faisait beau, j'avais tout pour être heureuse. J'avais magnifiquement joui plusieurs fois dans la nuit. Don, que je trouvais si séduisant, m'avait en plus offert un bijou splendide. Il m'en offrirait sans doute un autre, dans six mois, quand on se reverrait. Je ne suis pas vénale et il est riche : je ne ressentais pas de culpabilité en contemplant mon cadeau, qui scintillait dans son écrin bleu nuit.

Comment expliquer alors le sentiment de vide intérieur qui a pris place en moi ? C'est bizarre de dire ça, je sais... Un vide qui prend de la place ! On pourrait imaginer qu'il en laisse. Non, moi je me sentais gagnée par une angoissante sensation de vide progressif, qui aspirait ma joie de vivre et pesait sur mes épaules.

La veille, au contraire, je me sentais en creux, un creux heureux d'être comblé par Don, en attente, en recherche, en dynamique... D'où venait cette brutale chute dans le vide ? Je me suis extirpée, tant bien que mal, ce matin-là, de cette sinistre sensation. Don s'est réveillé, il a été charmant jusqu'à son départ pour Caracas. Aucune fausse note, rien à lui reprocher. Mais, depuis, la bête me poursuit, me guette et n'hésite jamais à fondre sur sa proie. La proie, c'est moi à huit heures du matin, après une nuit torride.

Tout ça pour ça ! Non, je suis plus à l'aise quand mon plaisir est plus limité. En ne faisant qu'entrouvrir la porte, on craint moins les courants d'air et, surtout, on peut la refermer plus facilement. Je ne suis pas frigide, je suis... réfrigérée. J'ai besoin de trouver du sens à mon creux et surtout, plus que tout, je veux passer au large de ce vide effrayant et mortifère.

Un héritage

Depuis, Marion a pris conscience que sa personnalité puissante était autant une force qu'un point faible. Son exigence la mettait en porte-à-faux et elle ne se donnait pas la permission de mettre sa vie sexuelle au diapason de ce qu'elle vivait par ailleurs. Elle n'imaginait pas pouvoir être choisie comme une femme unique. Pourtant, professionnellement, elle savait s'affirmer avec autorité. Elle réussissait tout ce qu'elle entreprenait, même ses orgasmes. La seule chose qui lui était interdite, c'était d'être élue par un homme stable et protecteur.

Il lui aurait fallu pour cela faire mieux que sa mère, abandonnée par son mari à la naissance de Marion et en proie depuis à une dépression maternelle sans fin.

Marion ne trouve pas de sens à sa jouissance. C'est comme si elle ne se donnait pas le droit de jouir de la vie, puisque sa mère n'y avait pas réussi. Sans homme près d'elle, Marion reste à la disposition de sa mère, mais elle est habitée par le sentiment que, si elle se « casait », sa mère se sentirait abandonnée une seconde fois et ne le supporterait pas.

CHAPITRE 5

ÊTRE UN HOMME… « À LA HAUTEUR » ?

Au programme

- Tout sauf les décevoir
- Des difficultés variées
- Les origines des difficultés
- Les pièges de l'éjaculation
- Le rapport à la mère

Tout sauf les décevoir

Les parents et la maîtresse

Dès l'âge tendre, le petit d'homme dans sa version masculine craint de ne pas être à la hauteur. Disons que cette affaire-là commence entre cinq et six ans.

Quand on voit papa faire ce qu'il fait, on est déjà tenté par l'aventure, car on constate régulièrement qu'il fait mieux que nous. Mais si l'on a confiance, on peut s'accommoder d'un petit espoir : un jour, on y arrivera peut-être ! En plus, on voit bien la tête de maman quand on réussit quelque chose : un mélange d'admiration et de fierté. Le problème, c'est qu'on y lit parfois comme une sorte de reconnaissance à notre égard, comme si notre réussite, c'était la sienne, et qu'elle nous remerciait de lui avoir fait ce cadeau. On veut bien la lui donner, à maman, cette belle réussite qui la rend si resplendissante, mais on ne se doute pas que cela nous « met la pression » au cas où l'on n'y arrive pas ou plus.

Nous, ce qu'on veut, c'est bien faire. On constate tout ce qui nous arrive quand on a tout bon : on a des TB, des 10, des bravos, etc. On se sent exister. Le monde entier tourne rond et l'on est assuré de notre place. À l'inverse, tout cafouille quand on a tout faux, que de grands traits rouges barrent nos cahiers. Il est clair qu'on est méchant, pas beau. Les sourcils des grands se froncent, on les a rendus tristes, mis en colère, et surtout, on les a déçus. Le grand mot est lâché !

Parfois, les parents font exactement le contraire : ils doutent tellement de nos capacités que nos échecs, en donnant raison à leurs prévisions, semblent paradoxalement les satisfaire, voire les soulager. Dans ce cas, l'impression de ne pas être à la hauteur est permanente. Certains s'y habituent, d'autres pas, selon la sensibilité de chacun.

Le baptême du feu... amoureux

Après, il va falloir aller vers les filles, et c'est loin d'être simple. Elles sont souvent plus dégourdies que nous, pouffent et se moquent, et leurs plaisanteries peuvent nous atteindre en plein cœur. On se venge en les traitant de moches, en critiquant surtout leurs seins et leurs fesses. Trop grosses ou trop menues, ces parties-là de leur corps, bien visibles même sous les vêtements, donnent à nos petits propos vengeurs l'occasion inépuisable de les dévaloriser. Nous, on se sait attendu au tournant, alors il faut bien des munitions pour la contre-attaque ! Les épreuves sont peu nombreuses, mais sans repêchage.

D'abord, embrasser : savoir quand mettre la langue, dans quel sens la tourner, penser à avaler notre salive pour ne pas lui baver dans la bouche… La fille doit savoir faire aussi, mais on lui pardonnera volontiers si elle ne sait pas : c'est au garçon de savoir et de lui apprendre.

Les choses sérieuses commenceront quand il faudra se déshabiller. Les jugements sur les seins ou le postérieur, les filles en encaissent depuis belle lurette. Mais à des remarques sur la taille de notre pénis, on n'est pas préparé. Les copains avaient un peu commencé, sous la douche, à comparer, mais quand le regard évaluateur provient d'une fille, alors là, on perd de notre superbe, surtout si on l'aime et qu'on veut paraître à notre avantage.

Personne, mais alors personne ne nous a prévenu que la taille de notre sexe lui importe peu ! Personne ne nous a dit qu'une fille peut être troublée par notre nudité, fascinée par notre anatomie enfin livrée, émue par notre fragilité, séduite par notre désir, attirée par notre virilité, mais en aucun cas subjuguée par un gros calibre. Ces enjeux-là, s'ils surviennent, n'apparaîtront que bien plus tard dans la vie et resteront, pour les femmes, secondaires par rapport aux sentiments.

Garde à vous !

Revenons aux premiers rapports sexuels : passe encore de montrer notre sexe, plutôt habitué à la discrétion d'un slip ou d'un caleçon, il faut encore bander[9] ! Georges Brassens le dit poétiquement : « La bandaison, papa, ça ne se commande pas ! »

Même si l'érection nous fait la faveur de permettre une pénétration voluptueuse, encore faut-il tenir assez longtemps pour que l'éjaculation ne vienne pas saboter l'entreprise en survenant prématurément, avant que notre belle et nous-même ayons eu le temps de goûter un plaisir légitime ! En matière de sexualité masculine, les embûches sont nombreuses, les occasions de ne pas être à la hauteur innombrables. Une telle pression en tête, allez donc faire l'amour avec insouciance !

9. Je n'hésiterai pas, dans cet ouvrage, à utiliser le terme « bander », certes peu médical, mais qui a l'intérêt d'être connu de tous. Que le lecteur me pardonne : le mot n'est pas vulgaire, il est populaire.

Il arrive que tout ne marche pas comme sur des roulettes : on ne bande pas, ou mollement, on débande tout à coup. Or, plus on craint les pannes, plus elles surviennent. On éjacule à la va-vite, à la sauvette. Il serait bon de comprendre pourquoi et de savoir remettre sur les rails sa sexualité, de redonner sa place à la confiance en soi et en l'autre et de pouvoir enfin regarder plus loin que le bout de son sexe.

Cet ouvrage ne traite pas des difficultés d'érection en rapport avec une maladie physique (atteinte des vaisseaux sanguins ou des voies nerveuses, déséquilibres hormonaux, etc.), car la médecine est savante sur ces causes et parfois efficace pour les traiter. Il s'intéresse plutôt à tout ce qui fait que les hommes ne sont pas des machines : psychisme, cœur, histoire, attentes et espoirs de rencontre et d'épanouissement.

Des difficultés variées

L'éjaculation prématurée

Les premières fois en pâtissent souvent : pas d'affolement, c'est fréquent. Si les troubles persistent, il faut consulter un médecin. En général, ces ennuis se manifestent face aux dames, mais il est des exceptions.

Gérald, 24 ans, commercial

J'éjacule très rapidement, même quand je me masturbe. J'ai commencé vers douze ans et ça m'a très vite posé des problèmes existentiels ! Il faut dire que mon père m'avait mis en garde, en avançant un argument bizarre qui m'avait fait forte impression, à l'époque. Chaque homme, m'expliqua-t-il, a devant lui un nombre limité d'éjaculations dans sa vie. S'il les gaspille durant son adolescence, cela ne pourra que priver sa femme par la suite, quand il aura épuisé son stock ! Que répondre à cela quand on a douze ans ? On ne sait pas qu'il s'agit de foutaises et on a envie de croire son père... Bref, je me sentais culpabilisé ! Alors, inconsciemment sans doute, je bâclais la chose pour ne pas aggraver ma situation mentale. Vraiment inconsciemment ! J'éjaculais au bout de quelques

secondes, pour moi c'était comme ça, c'était normal ou, plutôt, je ne me posais pas la question de savoir si c'était normal ou pas.
Au cours de mon premier rapport sexuel, c'est parti tout de suite, évidemment. Ça ne m'a pas étonné. La fille n'a pas bronché, je crois qu'elle n'était pas trop au courant de comment ça se passait. Il a fallu que ce soit ma partenaire actuelle qui me prévienne. On est ensemble depuis trois mois, mais si je ne fais pas quelque chose, elle m'a dit que ça ne pourrait pas durer avec moi.

Il semble que le corps de Gérald ne connaisse pas d'autre fonctionnement. Lorsque sa partenaire proteste, il tombe des nues et, surtout, a du mal à se rendre compte des conséquences de son symptôme. On dit que Gérald est un éjaculateur prématuré « primaire », c'est-à-dire que cela a toujours été le cas pour lui[10]. Le diagnostic de l'EJP (éjaculation prématurée) primaire est donc tardif : il dépend de la réactivité de la partenaire, qui va oser tirer la sonnette d'alarme après un délai plus ou moins long. Évidemment, ce n'est pas facile à dire, et l'on ne sait pas toujours comment le partenaire va réagir !

Le plus souvent, la masturbation se déroule sans problème. L'érection est de bonne tenue, l'éjaculation intervient dans un délai variable et sans conséquences sexuelles néfastes, puisque l'homme reste au rythme confortable de sa propre intimité.

Les circonstances de l'EJP secondaire, quant à elle, sont en rapport avec des fragilisations narcissiques, c'est-à-dire que la personne perd confiance en elle, a l'impression de valoir moins qu'avant ou moins que les autres.

10. S'il avait eu un fonctionnement normal durant un certain temps et que le symptôme se fût exprimé ensuite, on aurait dit que son éjaculation prématurée était « secondaire ». Cette terminologie primaire/secondaire est la même en médecine pour tous les symptômes.

Les problèmes d'érection

Le stress professionnel

Les hommes ont souvent besoin de montrer qu'ils sont forts, performants, efficaces, fiables et protecteurs ; ils estiment alors qu'ils méritent admiration et gratitude. Lorsqu'ils reçoivent leur ration quotidienne de reconnaissance, leur équilibre psychique est soutenu. Dans le cas contraire, ils perdent l'estime d'eux-mêmes et se sentent dévalorisés, inutiles… Les voilà obligés de se renfermer sur eux-mêmes ou d'en faire toujours plus, au risque de s'épuiser. Ce mot peut parfois prendre un sens très fort : on le traduit en anglais par *burn-out*. Des symptômes physiques viennent alors s'ajouter aux manifestations mentales : pertes de mémoire, fragilité émotionnelle, difficultés de concentration, irritabilité, etc.

Camille, 34 ans, cadre dans le transport

On m'a dit que je subissais un harcèlement moral au travail. Ce n'est peut-être pas allé jusque-là, mais il est vrai qu'on me demandait toujours plus et qu'on me jugeait uniquement sur mes résultats. Je comprends cette logique, mais je n'avais personne à qui expliquer les difficultés que je pouvais rencontrer. Quand je faisais des erreurs, j'étais immédiatement jugé par ma hiérarchie, sans pouvoir m'expliquer ou même demander de l'aide. J'aurais peut-être dû réagir plus tôt, mais je me suis laissé embarquer sans m'apercevoir combien c'était grave pour mon équilibre personnel. Je ne voyais mes supérieurs que les jours où ils venaient juger mon travail, et ils accumulaient les reproches sans jamais le moindre encouragement. Si je voulais donner des explications, argumenter, ils disaient que je cherchais à me justifier et à cacher mes insuffisances. Si je ne disais rien, c'était une manière de leur donner raison.

Bref, j'étais vraiment coincé. Je me défoulais aux repas et en grignotant. Quand je suis angoissé, c'est le sucré qui m'apaise. Du coup, je grossissais presque à vue d'œil ! Pas question de faire du sport, par manque de temps, et la fatigue me terrassait tous les soirs. Ma compagne s'est assez vite lassée de m'entendre me plaindre. J'avais besoin de faire l'amour, mais je n'avais plus le goût d'en faire un moment ludique, sensuel. Je voyais bien que ça lui convenait de moins en moins, mais je n'osais pas en parler avec elle. Sexuellement, j'avais de plus en plus de pannes, parfois au milieu du rapport, et l'éjaculation devenait assez rapide.

Ensuite, le cercle vicieux : plus je m'efforçais de bien faire, moins ça marchait. Comme au boulot, en somme...

Camille croit qu'il doit redevenir performant sexuellement sans s'apercevoir qu'il doit d'abord remettre en question la relation globale avec sa compagne. S'il est triste, préoccupé et sombre dans la vie quotidienne, sa femme est confrontée à un « manque à vivre » aux conséquences plus larges que sexuelles. Mais Camille reste obsédé par ce qu'on attend de lui sans le vérifier explicitement. Il se met la barre trop haut.

Il a sans doute raison au travail, mais pas avec son amie. Il doit vérifier ce dont elle a vraiment besoin et se rendra compte alors qu'il faut alléger la vie quotidienne : la sexualité suivra ! En fait, le problème ne réside pas dans la somme de travail que Camille fournit, même si cette quantité de travail est excessive et que ses limites sont dépassées. Le problème, c'est son manque de confiance en lui !

Le bourdon inséminateur

Le bourdon a inséminé la fleur : il peut partir, il a fait son travail. L'homme, même devenu père, reste un homme, et son face-à-face avec la femme doit pouvoir durer sans s'effacer devant la toute-puissance maternelle. Mais certaines circonstances peuvent bousculer la tranquille relation amoureuse du début de l'histoire.

Jérémie, 29 ans, en recherche d'emploi

Chômeur, ce n'est pas très valorisant pour un homme. Mais bon, avec ma femme, on s'en sortait tant bien que mal, pour notre équilibre de couple. Le problème a commencé insensiblement après la naissance du petit. Pas immédiatement, car on n'a pas refait l'amour avant trois ou quatre mois. Pour moi, ça faisait une éternité, mais pour elle, le temps n'avait pas l'air de passer. Elle était avec le petit comme dans une bulle. Et moi je n'y entrais pas, dans la bulle ! Quand on a refait l'amour, j'ai bien senti qu'elle le faisait pour me faire plaisir. Elle ne prenait jamais l'initiative. Ensuite, je crois qu'elle ne ressentait pas grand-chose. Ça s'est mis à cafouiller de mon côté. Dès que le petit chouinait, elle arrêtait tout et le prenait avec elle. Évidemment, après on ne recommençait pas ! Dans la journée, elle était assez exigeante avec moi. Je la comprenais, car ce n'était pas facile de s'occuper d'un bébé, surtout quand c'est la première fois, mais du coup, ça faisait un peu des disputes. C'est idiot, mais j'avais l'impression d'être jaloux du bébé : quand elle le regardait, elle souriait comme à un ange, elle avait l'air heureuse. Quand elle me regardait, c'était pour me dire qu'elle était triste ou fatiguée, ou bien pour me reprocher quelque chose. J'ai bandé de moins en moins souvent, et maintenant, ça ne va pas fort. Je crois que je n'ai même plus envie et je recommence à regarder les filles dans la rue. J'avais arrêté quand je me suis marié. Je ne sais pas comment peut finir cette histoire, car j'aime ma femme, mais ça ne peut pas continuer comme ça.

La perplexité de Jérémie se comprend. Petit à petit, le couple homme-femme du début s'est dissous pour laisser la place à une bulle mère-enfant dans laquelle Jérémie n'a pas trouvé sa place. Sa femme semble comblée par son bébé… Et dans leur couple sont apparus des rapports Parent-Enfant.

Jérémie a l'impression d'être au service de tout le monde dans la maison, d'autant que, chômeur, il ne peut pas s'en éloigner pour s'occuper différemment. Il est le père biologique de l'enfant, il peut à l'occasion s'en occuper (on le dit même papa-poule), mais il ne se sent pas forcément à l'aise dans le rôle de « sous-mère ». Aussi performant soit-il dans les soins au bébé, il a l'impression de faire toujours moins bien que sa femme – en tout cas, elle ne manque pas de le lui faire remarquer à la moindre erreur.

Mais Jérémie « fonctionne » très bien : puisqu'il ne sait pas comment réagir, son sexe le fait pour lui. Il fait une « grève de virilité » pour attirer l'attention sur lui. C'est alors le couple qui doit entendre le signal d'alarme et en tenir compte.

L'état de Jérémie s'est amélioré dès qu'il s'est mis à chercher du travail avec plus de détermination. Il en a trouvé un, pas très bien payé, mais valorisant. Sa femme, elle, a compris qu'elle devait laisser une place à cet homme à côté d'elle et qu'elle avait transformé Jérémie en « bonne mère » pour elle et son bébé. Sa psychothérapie lui a permis de se positionner à la bonne distance de son mari et de son fils.

Une rencontre troublante

Il peut arriver qu'un homme se sente obligé de satisfaire un cahier des charges assez élaboré. S'il se sent jaugé, jugé, attendu au tournant, il peut reculer devant l'obstacle. Mais en sonnant la retraite, il n'a pas réglé le problème et se fait souvent rattraper *in extremis* par les difficultés.

Marcel, 49 ans, ingénieur électricien

J'avais déjà eu plusieurs relations et ça s'était bien passé jusque-là. Je n'imaginais pas que je pouvais avoir une liaison durable, car je partais souvent pour des raisons professionnelles. Avec Yvonne, on pourrait parler de coup de foudre. On a décidé de vivre ensemble assez vite, d'autant que je venais d'obtenir un poste fixe. Au bout de trois mois, on a emménagé dans une petite maison que ses parents nous ont prêtée. J'aurais préféré qu'on se trouve un logement à nous, mais je dois dire que c'était plus simple et surtout moins cher. Ses parents faisaient tout pour nous rappeler qu'on était chez eux et cela n'avait pas l'air de déplaire à Yvonne, parce qu'elle ne réagissait jamais. Notre sexualité s'est peu à peu compliquée, de mon fait. Mon érection est devenue fragile, il m'arrivait de débander au milieu. Pourtant, j'en avais envie ! Je crois que j'ai été très déstabilisé par la façon dont Yvonne me parlait à certains moments. Très autoritaire, elle ne supportait pas la contradiction. Dès qu'elle pensait que j'avais fait une erreur, elle se déchaînait contre moi. J'ai vite compris que c'était parce qu'elle se sentait insécurisée, mais, sur le coup, j'avais l'impression qu'elle parlait à un gamin. Bon, ça n'arrivait pas dix fois par jour, mais assez souvent quand même. Entre-temps, elle était adorable et on s'entendait bien, mais quand le mécanisme se grippait, tout se mettait à dérailler. Un soir, elle m'a fait une réflexion sur la manière dont je lui faisais l'amour. Elle s'est énervée parce que je ne trouvais pas son clitoris. Depuis, à chaque fois qu'on fait l'amour, j'ai l'impression de passer un examen. Quand je débande au milieu, elle ne dit rien, se retourne et fait semblant de s'endormir. Puis, tout à coup, elle se lève et va regarder la télévision. Je n'ose pas retourner la voir car je ne suis pas trop fier de moi. Je ne comprends pas. Avec mes précédentes copines, je n'avais jamais eu ce genre de problèmes. Vous croyez que c'est à cause de l'âge ?

L'âge n'a rien à voir là-dedans ! Yvonne impressionne Marcel qui ne sait pas comment se situer face à elle. Attentionné et généreux, il a du mal à réagir devant son agressivité, surtout injustifiée. Marcel a besoin de s'affirmer sans violence et de montrer ses limites[11]. Il doit expliquer à Yvonne ce qu'il ressent et lui demander de lui parler autrement. Elle peut sans doute aussi trouver un intérêt à changer ses relations avec Marcel. Quant à ses parents, tous les deux doivent apprendre à les mettre à distance et déménager ! Quoi qu'il en coûte. La pérennité de leur couple naissant est à ce prix.

Amoureux, moi ? Jamais !

Lors du démarrage d'une relation plus affective, dans laquelle la composante amoureuse prend le dessus, un éventuel attachement durable devient envisageable. On sait combien certains hommes peuvent hésiter à s'engager.

Yvon, 36 ans, employé de pompes funèbres

Mon histoire est assez classique. Je suis plutôt beau garçon, enfin, disons que je plais aux filles... à condition que je ne leur révèle pas mon métier ! Si elles me le demandent, je n'entre pas dans le détail, je dis que je travaille dans les relations humaines. Ça fait bien et ce n'est pas tout à fait faux ! Donc, des fiancées, j'en ai eu des dizaines.

En ce moment, je sors avec Véra, une fille superbe, vraiment étonnante, d'origine russe. Elle a un poste analogue au mien dans la ville voisine, on s'est rencontrés au cours d'une journée de formation. Je crois que je suis amoureux pour de bon. Je ne me dis plus, comme avec les autres : « une de perdue, dix de retrouvées ». Non, je ne veux pas la perdre, pas question. En même temps, je n'admettrais pas qu'elle m'oblige à la fidélité. Je me sentirais en prison, je me connais. Je crois qu'elle veut se marier et ça me fait peur, je suis coincé. Avec elle, j'ai toujours éjaculé trop vite : 30 secondes, une minute, et voilà. Ça ne lui a pas semblé trop grave au début, disons plutôt qu'on n'en a pas parlé. Je pensais que j'étais trop excité, mais le problème persiste. Je suis perdu : si ça continue, elle va me quitter ! Mais si elle reste, elle va vouloir qu'on se marie. Que faire ?

11. Il s'agit de l'affirmation de soi, appelée aussi abusivement « assertivité ». Ce mot n'existe pas en français, il est la simple transposition de l'anglais *assertivity*.

Effectivement, Yvon est coincé. Il se sent cerné par les difficultés. Comme toujours dans ces cas-là, la solution consiste à désembrouiller les problèmes amalgamés. L'éternel adolescent qu'il se vante d'être avec les femmes doit laisser la place à un homme capable d'engagement, ritualisé dans le mariage ou porté par un autre symbole. Il ne peut pas évacuer la question de la stabilité dont la femme qu'il aime a besoin pour bâtir avec lui une relation durable et, éventuellement, avoir des enfants. Il devra élaborer une relation plus étoffée, et surtout plus confiante, avec sa compagne. Sinon, son éjaculation prématurée viendra lui rappeler à quel point il est mal situé en tant qu'homme en face de cette femme.

La culpabilité

Avec l'épouse légitime, l'homme n'a pas de problème, mais avec sa maîtresse, tout se complique. Il doit faire face à l'irruption de sentiments gênants, que l'on appelle « sentiments parasites » et dont la culpabilité est le chef de file.

Guy, 54 ans, ébéniste

J'ai une maîtresse depuis un an. Évidemment, ma femme n'en sait rien. On se retrouve en fin d'après-midi, chez elle, une à deux fois par semaine. Je prétexte un surcroît de travail et, comme elle me fait confiance, ça passe tout seul. C'est ce qui me pose problème, en fait. J'ai l'impression de la trahir. Ce n'est pas que notre sexualité soit géniale, loin de là, mais je ne suis pas à l'aise. Est-ce qu'il y a un lien entre les deux ? J'ai beaucoup de mal à obtenir une érection avec ma maîtresse. C'est profondément frustrant. Je suis excité, elle a autant envie que moi et puis rien : une chiffe molle ! À force d'essayer, je bande suffisamment pour entrer un petit peu et puis l'érection retombe au bout de deux minutes.

Quand je rentre chez moi, j'essaie de penser à autre chose, mais ce n'est pas facile. On m'avait bien dit qu'à partir d'un certain âge, on avait besoin de médicaments pour bander. Mais ce qui m'intrigue, c'est que je n'ai pas ce problème avec ma femme. On fait l'amour rarement, à peine une fois par semaine, mais ça se passe bien. Je veux dire pour l'érection, parce que pour la passion, il y a longtemps que c'est fini. Depuis sa ménopause, disons que c'est moins « mouillé ». Enfin, au moins, on se débrouille.

L'âge est décidément une obsession pour les hommes, ou un alibi, comme la fatigue. Non, l'âge n'explique pas les difficultés d'érection de Guy. Mais sa culpabilité, en revanche, l'élucide largement.

Les hommes peuvent se sentir coupables pour d'autres raisons, après la perte d'un être cher, par exemple. Il n'est pas simple alors de se donner la permission de « s'éclater » sexuellement. La période du deuil ne fait pas forcément bon ménage avec la sexualité[12].

Au secours, ma femme n'est plus frigide !

Le terme technique est *bascule systémique** : un couple est un système dont l'équilibre peut très bien s'appuyer sur un symptôme. Étonnant, non ? Le problème sexuel semble cimenter le couple, occuper ses discussions, alimenter ses interrogations pour finalement devenir fondamental à sa survie. Un peu comme un prisonnier si habitué à sa cellule qu'il craint, à sa libération, de se retrouver bien démuni, dehors.

Ce paradoxe est toutefois bien compréhensible.

Jean-Charles, 31 ans, serrurier

Quand on s'est mariés, ma femme n'avait aucun désir sexuel. Elle aimait mes caresses mais se crispait dès que je m'approchais de ses seins ou de son sexe. Je respectais ses limites.

Après plusieurs mois et, surtout, beaucoup de diplomatie et de douceur, nous avons réussi à avoir un rapport sexuel. Inutile de vous dire que, pour elle, ce ne fut pas terrible. Mais au moins, elle acceptait de me laisser entrer en elle. Nous devions utiliser une lubrification artificielle car elle ne mouillait pas. Elle ne ressentait aucun plaisir, mais réussit petit à petit à faire en sorte de ne plus avoir mal, en faisant de la relaxation. Moi, je n'étais pas très heureux de la voir comme ça, mais, de mon côté, il n'y avait de problème ni d'érection ni d'éjaculation.

J'étais désolé qu'elle ne se régale pas autant que moi et bien décidé à l'aider. Nous avons consulté un sexologue. Notre sexothérapie a fonctionné au-delà de toute espérance : ma femme a découvert son corps, ses sensations... Elle est devenue peu à peu plus précise dans ses demandes. Elle s'est mise à me dire ce

12. Les femmes aussi ont souvent des réactions de blocage sexuel en période de deuil récent : disparition momentanée du désir, absence d'orgasme, etc.

qu'elle n'aimait pas et ce qu'elle aimait. Parallèlement, elle s'affirmait par rapport à moi. Par exemple, elle osait me contredire si elle n'était pas d'accord avec moi, même devant des amis. Elle n'aurait jamais fait cela auparavant. Enfin, elle a ressenti des orgasmes, au point que j'en étais impressionné.

Dieu sait si j'avais souhaité qu'elle se décoince, mais là, c'était presque trop. J'ai commencé à avoir des problèmes d'érection à peu près le jour où elle a pris l'initiative de me demander de faire l'amour. Du coup, je craignais de ne plus être à la hauteur. Ce type de rapport était tellement nouveau entre nous que j'étais décontenancé. Elle a même commandé un vibromasseur. Parfois, je me dis même que je sers à rien, si elle peut se faire jouir avec ce truc en plastique.

Maintenant, quand mon érection est suffisante pour la pénétration, c'est déjà bien. Mais ça fait longtemps que je n'ai plus d'érection dure, ou alors au petit matin, avant de me réveiller ! Et là, je suis complètement endormi, ce n'est pas le top pour faire l'amour.

En fait, c'est le couple dans sa globalité qui est porteur du blocage. Il peut arriver également la situation inverse : l'homme soigne ses difficultés d'érection, alors sa femme découvre une panne de désir. Il semble se faire une sorte de consensus, parfaitement inconscient, empêchant le couple de s'épanouir sexuellement. L'un ou l'autre est le *patient désigné**. Le présumé sain peut s'offrir le luxe de se présenter comme frustré, excédé, à bout de patience ou même exagérément compréhensif. Les thérapeutes savent bien que, dans les mois qui suivent certaines guérisons, on peut s'attendre à voir apparaître un symptôme symétrique chez le conjoint. L'*analyse systémique** est le cadre conceptuel le plus adéquat pour aborder et comprendre les « systèmes » pathologiques.

Les origines des difficultés

Après avoir ouvert quelques portes d'entrée dans le problème, abordons maintenant la question des origines et des causes probables de ces tracas masculins.

L'homme qui souffre d'éjaculation prématurée ou de troubles passagers de l'érection est souvent victime de préjugés. Où est donc l'origine de telles déconvenues ? Il convient d'analyser ces idées reçues afin de pouvoir se débarrasser des illusions qui les sous-tendent.

« Alors, heureuse ? »

(Se) faire jouir

Ici, l'homme pense qu'il fait jouir sa partenaire, il croit porter la responsabilité de sa jouissance. Il peut donc se vanter s'il réussit, mais, symétriquement, il pense qu'il n'est pas à la hauteur s'il échoue.

Affirmons plutôt que personne ne fait jouir l'autre, mais que chacun est responsable de son propre plaisir. Cette « utilisation de l'autre » dans l'acte sexuel est éthiquement acceptable lorsqu'elle est limitée à la sexualité, rigoureusement symétrique, sans abus de pouvoir ni manipulation.

Toutefois, le langage amoureux cède souvent, malgré tout, à un impératif de relation. On imagine mal dire : « Mon amour, je me sers de toi pour jouir », car on a envie d'attribuer à l'autre la responsabilité, voire la volonté de notre jouissance. L'amoureux dira plutôt : « Mon amour, tu me fais jouir ! »

Les femmes aussi ont le but de faire jouir les hommes, mais leur tâche paraît plutôt aisée, sa réalisation ne tient pas forcément de la performance. La tâche est autrement ardue pour l'homme face au plaisir féminin. Si la femme jouit, il en tirera le sentiment d'avoir réussi, sinon un exploit, du moins une certaine performance. Il peut même estimer avoir droit à une certaine reconnaissance, ou croire que sa compagne peut devenir dépendante de lui par l'intermédiaire du plaisir qu'il lui donne. Oh ! Illusion funeste…

Le plaisir sexuel féminin fait peur aux hommes ! Il est si mystérieux, imprévisible… Fugace, exigeant, il ne peut être enfermé dans des comportements stéréotypés. On croit qu'il pousse la femme à s'attacher et, tout aussi facilement, à se détacher. Il peut être tentant de se dire qu'on le contrôle parce qu'on est celui qui le provoque.

Jérôme, 46 ans, fleuriste

Nos mots d'amour, pendant l'acte, tournent toujours autour de « Tu me fais jouir, aucun(e) autre ne me ferait jouir comme toi. » À chaque fois qu'elle a un orgasme, je suis fier de moi ! Je me dis que j'ai réussi une fois de plus. Quand elle n'en a pas, je pense immédiatement que j'ai loupé quelque chose, que j'aurais dû faire autrement, que j'ai été maladroit. Le plus important pour moi, c'est de pouvoir me dire qu'elle ne peut pas me quitter car elle dépend de moi. Mon sexe, c'est comme un besoin vital pour elle. Ce qui me rassure, c'est qu'elle me le dit, qu'elle me le montre ! Vraiment, tout se passe bien dans notre sexualité.

Le témoignage de la femme de Jérôme peut faire réfléchir.

Mélanie, 43 ans, commerciale

C'est vrai qu'au plus fort de l'acte amoureux, j'ai envie de prononcer ces mots « Tu me fais jouir ». En y réfléchissant, ce n'est pas si sûr. D'abord, j'y arrive très bien toute seule. Ce n'est pas la même chose, d'accord, mais je ne suis pas en manque d'orgasme quand Jérôme n'est pas là. Et puis, comme m'a dit un soir de confidence ma vieille tante : « Une masturbation bien menée vaut mieux qu'un coït bâclé. » *(Rire.)* Quand je ne jouis pas avec lui, il croit que c'est toujours de sa faute. Mais la plupart du temps, ça n'a rien à voir avec lui. Je crois que, si je le lui disais, ça l'inquiéterait plus que ça ne le rassurerait. Parfois, je suis tout simplement fatiguée ou pas disponible, pour une raison ou une autre, ou j'ai envie de conserver une sensation de plaisir diffus, sans basculer vers l'orgasme ! C'est très bon comme ça, mais Jérôme risque de prendre cela pour un échec personnel. Il croit qu'il peut cumuler, dans son rapport avec moi, toutes les fois où j'ai joui dans ses bras. Mais je ne lui appartiens pas, pas plus que la jouissance que j'ai pu ressentir avec lui. En fait, le compteur se remet à zéro à chaque fois. Je ne sais pas comment lui faire part de ce sentiment intérieur de liberté. Je crois qu'il ne le supporterait pas. Il a trop besoin que je sois à lui, comme il dit, et que ce soit le sexe avec lui qui m'enchaîne. Comme il se trompe ! Pour l'instant, c'est lui que j'aime, tout va bien. Mais le jour où je déciderai de le quitter, j'irai jouir dans les bras d'un autre ! *(Rire.)*

Jérôme devrait entendre le message de sa femme et réviser à la baisse ses certitudes conjugales.

L'orgasme, un acte personnel

De nombreux hommes sont très surpris d'apprendre que les femmes se masturbent. Certes, cela ne fait pas partie des confidences faciles à faire ! Les femmes n'ont pas non plus le « monopole sexuel » de faire jouir les hommes. Chacun est responsable de son plaisir.

En matière de sexe, personne ne peut longtemps tenir la dragée haute à l'autre. On ne « partage » pas sa propre jouissance ; c'est un sentiment intérieur que l'autre ne peut que constater, mais jamais ressentir « en propre ». On peut, et c'est déjà beaucoup, se sentir en communion avec l'être aimé au moment où il jouit. Cela a des conséquences très positives : il n'est nul besoin de se mettre la pression pour réussir une performance. Chacun peut se détendre et apaiser les enjeux. La sexualité peut alors s'épanouir dans l'insouciance, et chacun peut s'abandonner à sa propre musique sans prendre en charge la partition de l'autre !

L'expérience de lâcher prise peut même aller plus loin. Voici une petite expérience édifiante et parfaitement anodine. Trouvez un(e) partenaire : le projet étant exclusivement ludique, l'entreprise sera faisable. Proposez-lui de chantonner doucement en partant d'une note, même bouche fermée. Démarrez ensemble, sans vous concerter sur la mélodie que vous allez fredonner ensemble. Improvisez en vous laissant aller à l'inspiration du moment – mélodie, rythme, etc., peuvent changer.

Les musiciens disent qu'ils sont alors dans une « polyphonie amodale » – le mot est savant mais la chose est aisée. Le résultat est toujours surprenant et souvent plaisant : on chante doucement, on écoute l'autre en même temps, on se régale des moments d'harmonie, on s'amuse intérieurement des brèves dissonances, moins désagréables à l'oreille qu'on l'aurait craint. Si l'équilibre se fragilise, on chante un peu moins fort, pour revenir dans la communion du son dès que le plaisir entrelace à nouveau les deux voix.

Ainsi en va-t-il de la sexualité : légère quand on l'accueille, elle s'alourdit dès qu'elle devient une tâche ou une performance !

Apprendre à se contrôler ?

Le grand mot est lâché : se contrôler ! Les hommes aiment avoir les choses en main, dominer la situation, bref, on y revient toujours : contrôler. Éviter que leur échappe l'imprévu qui va les déstabiliser, les remettre en question, voire en danger. Dans un tel contexte, la panne sexuelle prend des allures dramatiques, la débandade est vécue comme une humiliation, l'éjaculation rapide comme une défaite. Adieu alors gratifications émues, reconnaissances éternelles, dépendances humides ! L'érection, en disparaissant, a fermé le ban. L'éjaculation intempestive a sonné le glas du contrôle.

Julius, 47 ans, mathématicien

J'ai toujours réussi ce que j'ai entrepris. Plus exactement, dès que je voyais que je n'allais pas réussir, je savais changer de cap à temps. Donc, je n'ai été confronté que rarement à l'échec.

Quand ma mère est morte, j'avais 28 ans. J'ai cru que je pourrais faire quelque chose pour éviter que sa maladie ne s'aggrave. J'ai consulté plusieurs médecins, tous aussi inefficaces. Bon, là je me suis dit que j'étais impuissant. C'est vraiment un souvenir très douloureux.

Mais, à part ça, quand je veux quelque chose, je fais en sorte de l'avoir. Aux échecs, je prévois plusieurs coups à l'avance, par exemple. Quand il faut se donner du mal, je suis toujours d'attaque : ma devise, c'est « Quand on veut, on peut ». Alors, cette éjaculation qui m'échappe sans que je ne puisse rien faire, c'est terrible pour moi. C'est mon propre corps et ce n'est pas moi qui décide ! Il doit bien y avoir une technique, une discipline pour retarder l'éjaculation ! Je suis prêt à faire des exercices, à muscler certaines parties de mon corps, même à prendre des médicaments pour me renforcer.

Julius est persuadé qu'il doit être plus fort et lutter contre cette « faiblesse ». Or, il est déjà dans une logique de surcontrôle : émotionnel, comportemental et mental. Comment lui expliquer que, comme dans une Cocotte-Minute sous pression, le bouchon peut se soulever n'importe quand et sans prévenir ? Il n'est pas pertinent de vouloir verrouiller le bitoniau, car la pression monterait encore plus ; le problème, au lieu d'être réglé, serait évidemment aggravé.

Julius doit lâcher les freins qu'il a serrés çà et là dans sa personnalité. Vouloir contrôler son éjaculation reviendrait pour lui à serrer un frein à main de plus : une action vouée à un échec certain, comme il a pu le constater. Il doit apprendre à exprimer ses émotions, à donner son avis, à reconnaître ses besoins et ses points faibles, à faire en sorte de se laisser approcher.

Les hommes détendus éjaculent normalement et, souvent, quand ils le décident ! Le bon moment de l'éjaculation, c'est l'harmonie du corps et de l'esprit. Il s'inscrit dans la confiance en soi, dans le doux apaisement de se sentir accepté pour qui l'on est, dans la fluidité ondulatoire et souple du bassin. Il est vrai qu'il n'est pas toujours facile de chasser les idées stressantes, sauf si l'on s'ouvre à l'érotique réalité de l'instant présent et à la fascinante complicité de deux corps qui se cherchent, côte à côte et face à face !

« Elle serait trop contente »

La frustration punitive

Si la sexualité de l'homme se passe bien, s'il est durablement en érection, que son éjaculation lui laisse un tant soit peu de répit avant de clore l'épisode charnel, alors il peut espérer que la femme en sera comblée. Nous avons vu qu'il était aventureux de miser sur une quelconque « capitalisation » relationnelle de cet avantage sexuel ainsi procuré à sa partenaire, mais aussi que tous les hommes ne sont pas forcément à l'aise avec la jouissance féminine. L'éventail des réactions masculines peut aller jusqu'à des positions inconscientes assez surprenantes.

Quand le pénis « refuse », en débandant ou par une éjaculation rapide, il est probable que la femme ressente une certaine frustration[13]. Cette chronique d'une frustration annoncée peut passer

13. Nous avons vu que cela n'est pas systématique : au début d'une relation, c'est souvent la tendresse et l'émotion qui priment. À la longue, une femme mécontente du rapport global avec son compagnon peut se satisfaire d'un temps sexuel plus court : la corvée est moins longue !

pour une attitude sadique ou persécutrice. Mais il faut toujours se reporter au contexte relationnel, et là, souvent, tout s'éclaire par une sorte de « traçabilité » des reproches mutuels !

Marc-Antoine, 49 ans, cadre informatique

Avec Aurore, au début, ça se passait bien. Disons tout nouveau tout beau ! Elle avait des orgasmes très forts et très bruyants ! Petit à petit, j'ai commencé à appréhender sa jouissance. J'avais l'impression, comment dire, qu'elle partait toute seule, un peu comme si elle m'utilisait, finalement. Ça ne me dérangeait pas plus que ça, mais, un soir, on a fait l'amour alors qu'on s'était engueulés dans la journée. On s'est réconciliés sur l'oreiller, mais en fait, je n'avais pas « avalé » les vacheries qu'elle m'avait envoyées devant des amis. Alors, quand elle a démarré, j'ai eu un sentiment pas joli. Ça m'a énervé qu'elle jouisse comme si de rien n'était et j'ai débandé au milieu ! Elle était vraiment frustrée !

Bien sûr, elle m'en a voulu, mais comme je lui en voulais aussi, c'est comme si le théâtre inconscient de notre conflit s'était transposé au lit. Ensuite, c'est devenu un cercle vicieux : dès que quelque chose n'allait pas entre nous, j'avais des pannes d'érection, au milieu, et même une fois, c'est arrivé juste au moment où elle allait jouir. Non seulement elle était frustrée sexuellement, mais en plus elle avait l'impression que je voulais la priver de ce à quoi elle avait droit !

Elle était doublement en colère contre moi... Maintenant, pour équilibrer, si je puis dire, quand c'est elle qui a des griefs contre moi, elle a la migraine, enfin, elle se refuse pour une raison ou pour une autre. C'est de bonne guerre... Mais c'est dommage de parler comme ça de la sexualité. Il faudrait qu'on aborde autrement nos conflits, sinon, on va finir par saborder notre sexualité, voire notre relation.

Marc-Antoine et sa femme ont abordé dans une thérapie conjugale leur façon de gérer conflits, reproches et critiques. Ils ont ainsi appris à se positionner avec clarté et franchise et découvert qu'un bon conflit vaut mieux qu'une mauvaise tension.

Auparavant, quand l'un d'eux bâtissait une phrase sur le mode « Si tu ne... alors moi, je... », l'autre lui répondait invariablement : « Tu me fais du chantage ! » Or, le chantage consiste à lier deux enjeux qui n'ont rien à voir afin de faire pression sur quelqu'un : « Si tu me quittes, je me tue. » En effet, il n'y a aucun rapport cohérent entre le fait que l'autre souhaite changer d'atmosphère et le fait de se suicider. À l'inverse, il est parfaitement légitime de dire « Si tu n'arrêtes pas de coucher avec Dominique, je demanderai le divorce » ou « Si tu ne répares pas la voiture avant dimanche, je n'irai pas manger chez ta mère, car je n'ai pas l'intention d'y aller en train. » Ce n'est pas du chantage, mais cela revient à annoncer les conséquences des griefs non résolus. Cela permet à l'autre de se déterminer librement en connaissant les conséquences probables de ses actes.

Marc-Antoine et sa femme ont développé un savoir-faire spécifique dans le dépassement des conflits. Que croyez-vous qu'il se passa au lit ? L'érection revint ! Et « l'ambiance » sexuelle, enfin assainie et débarrassée des parasites quotidiens, permit d'améliorer encore la relation. Quand le cercle vicieux se transforme en cercle vertueux…

Une sollicitude « tue-l'amour »

Albert, 41 ans, assureur

J'ai l'impression qu'elle ne veut qu'une chose, c'est que je sois heureux ! Au début, je me sentais valorisé, soutenu. C'était bon. Elle me disait volontiers que tout allait bien. Elle me félicitait quand mon érection était dure, comme si elle était fière de moi. Petit à petit, j'ai senti un malaise diffus, au point que mon érection disparaissait au bout d'un moment. C'était bizarre, parce qu'elle était si positive à mon égard et je me sentais bloqué quand même ! En fait, elle ne pensait pas assez à elle ! J'avais l'impression qu'elle félicitait son petit garçon qui ramenait un bon point de l'école. Ça ne favorise pas la libido. Elle voulait mon plaisir, mais, comment dire, elle me maternait trop. Est-ce que j'aurais aimé qu'elle me materne moins ? Non, en fait, qu'elle ne me materne pas du tout ! Comment lui expliquer cela ?

Albert est confronté à un dilemme : comment faire comprendre à sa femme qu'elle *donne* trop ? Que sa sollicitude, par son côté nourricier, la situe non comme une partenaire mais comme une bonne mère ? Saura-t-il trouver les mots ? Et si sa femme accepte de changer, saura-t-il se passer de l'attention quotidienne à laquelle il s'était bien habitué ?

Des problèmes relationnels

On remarque bien que les problèmes sexuels ne trouvent pas forcément leur origine dans le champ de la sexualité. Il est plus question de positionnement relationnel, de fluidité émotionnelle et de vécu subjectif ! Certains pourront s'en réjouir en se rassurant sur leurs aptitudes sexuelles : « Finalement, je suis normal ! Ce n'est qu'une question de relation ou de confiance en moi, mais je ne suis pas en cause personnellement dans mon aptitude sexuelle proprement dite. » D'autres vont s'en inquiéter : « C'est plus difficile à changer ! Je vais avoir du mal à me remettre globalement en cause dans mes relations avec les autres… Finalement, j'aurais préféré avoir un problème physique, qu'on aurait pu soigner par un médicament ! »

D'une manière ou d'une autre, il faudra bien que chacun découvre ces trois piliers d'une sexualité heureuse :

- on ne « fait » pas jouir sa partenaire, mais elle « jouit de nous » ;
- inutile de se surcontrôler, c'est au contraire en lâchant prise qu'on peut installer l'harmonie ;
- il faut régler un conflit, affiner un positionnement relationnel avant de faire l'amour. Sinon, les symptômes sexuels tenteront de le faire, mais si mal !

Les pièges de l'éjaculation

Il n'est pas évident d'aborder dans la vie quotidienne la question de l'éjaculation. Au-delà d'une pudeur bien compréhensible, elle évoque parfois des souvenirs fort délicats. Caractéristique masculine, c'est un phénomène physique à la forte symbolique. L'émission de cette « liqueur séminale » peut être à l'origine de la vie mais aussi se dérouler dans un contexte parfaitement banal. Un homme qui éjaculerait une fois par jour pendant cinquante ans aboutirait à 18 250 éjaculations, soit 50 litres de sperme environ ! Le sperme transporte à chaque fois trois cents millions de spermatozoïdes : que de glands la nature va-t-elle gâcher avant de faire un chêne… Accomplissement grandiose ou petit spasme prématuré, l'éjaculation se décline sur plusieurs registres, jamais anodins.

Nature et perception

Ce sont d'abord les « pollutions » nocturnes ! L'adolescent, atterré, découvre qu'il a taché ses draps. Le sperme, en séchant sur le matelas, a dessiné une forme aléatoire que le bon sens populaire a nommée « carte de France » (on raconte que c'est ainsi qu'on avait qualifié les traces nocturnes du futur roi Louis XIV). Certaines familles accueillent l'événement avec bienveillance, voire bonhomie, d'autres étouffent l'affaire, d'autres encore réprouvent cette marque de lâcher prise, pour des raisons morales (c'est de moins en moins fréquent) ou par référence au surcroît de travail ainsi imposé à la personne chargée du nettoyage. Mais l'éjaculation, c'est aussi :

- un liquide visqueux, sortant par le même endroit que l'urine, parfois implicitement classé parmi les déjections ;
- la preuve de la jouissance masculine : nul ne peut la dissimuler quand elle survient ou la simuler quand elle se fait attendre. Certes, un homme peut jouir sans éjaculer ou éjaculer sans jouir. Mais quand il éjacule, il éjacule !
- un produit humain assez inclassable : tantôt précieux (la semence), tantôt gênant (quand il remplit intempestivement le slip ou finit par suinter du sexe de la partenaire sur le siège de la voiture).

L'éjaculation provoque la fin de l'érection, qui ne reprendra qu'après une période dite « *réfractaire** » pouvant aller de quelques secondes pour les plus jeunes à quelques jours pour les plus âgés. De ce fait, l'éjaculation sonne la fin de la récré, l'arrêt du coït. Si l'on veut continuer le rapport sexuel, il faudra inventer et faire avec les moyens du bord (doigts, bouche, instruments divers, etc.), et lutter contre la fatigue qui s'abat sur les épaules du jouisseur, plombe ses paupières et lui donne envie de s'allonger : son corps sécrète des flots d'endorphine, sorte de morphine naturelle, euphorisante et sérieusement « planante ».

Trop rapide pour qui ?

L'éjaculation est précédée d'une impression d'inéluctable : rien ne pourra l'arrêter, ni une volonté farouche ni même la contraction de tous les muscles du périnée (la zone musculaire située à l'entrejambe).

Il arrive chez certains que disparaisse la sensation d'imminence de l'éjaculation : l'homme est alors surpris par cet événement intempestif, imprévisible et incontrôlable. Le dépit est augmenté par l'impression que tout échappe : le contrôle, le délai, le déclenchement, et même la prévision. Les hommes qui sont dans ce cas peinent à trouver les mots pour décrire à quel point ils se sentent le jouet impuissant d'une pulsion qui les dépasse. Ils ne peuvent ni en jouer ni en jouir. Ils constatent qu'ils ne peuvent qu'accepter passivement une éjaculation qui s'impose à eux et qui termine le rapport sans crier gare.

Mais quand dit-on que l'éjaculation est trop rapide ? Il n'est pas de définition objective. Que signifie un rapport « trop » court ? Quel point de départ prend-on pour ce calcul ? Le début de la pénétration ou le début des préliminaires ?

Certains éjaculent avant même la pénétration, dans la main ou sur la vulve de leur partenaire : on parle en latin d'éjaculation *ante portas* : « devant la porte » ! Ceux-là aimeraient bien pénétrer avant d'éjaculer.

Pour les uns, cinq minutes seront ressenties comme un délai trop court, alors que d'autres considéreront comme un exploit de tenir une minute !

Jean-Charles, 28 ans, gérant d'une société de service

J'ai eu plusieurs partenaires, durant des périodes assez courtes : trois mois au maximum. C'était surtout pour m'amuser, on ne vivait pas ensemble. On faisait ça en général en sortant de boîte, souvent à la sauvette. J'éjaculais rapidement, je m'en rends compte maintenant, mais, sur le moment, ça n'avait aucune importance ! Mes partenaires ne se plaignaient pas, ne m'en parlaient même pas !

Il a fallu que je m'installe un peu plus avec Noémie, qu'on vive ensemble... Un jour, elle m'a dit que j'éjaculais trop vite pour qu'elle puisse prendre du plaisir. Je reconnais qu'il a fallu qu'elle me fasse confiance pour me le dire. C'est bien qu'elle ait pu me le faire comprendre gentiment, sans me juger. Elle savait que je pouvais me soigner et ne m'a pas dévalorisé. Moi, je suis tombé des nues ! Mais j'ai accepté son conseil... et me voilà !

L'éjaculation rapide est un concept récent, qui date de la prise en compte du désir des femmes et de leur attente de satisfaction. C'est seulement dans la réaction de sa partenaire que le jeune homme peut « lire » les indices de sa sexualité. Si sa compagne ne lui fournit aucun commentaire, le garçon a le plus grand mal à prendre du recul vis-à-vis de lui-même et de son fonctionnement sexuel. C'est d'ailleurs souvent la partenaire qui insiste pour que l'homme aille consulter.

Valérian, 39 ans, carrossier

Avec ma première femme, tout se passait très bien. Disons qu'elle ne se plaignait de rien. Notre sexualité n'était pas flamboyante, mais, de mon côté, ça semblait aller. Quand on a divorcé, je me suis assez vite remis avec quelqu'un car je n'aime pas vivre seul. C'était ma future seconde épouse. Elle, en revanche, n'a pas tardé à réagir ! Elle m'a tout de suite signalé que quelque chose clochait chez moi.

Ce qui a été difficile, c'était de comprendre pourquoi ma première femme ne m'en avait rien dit. Sans doute que les femmes ne réagissent pas toutes de la même façon ou qu'elles n'ont pas les mêmes attentes. En tout cas, ma nouvelle compagne m'a vivement encouragé à aller consulter et j'ai l'impression qu'elle n'aurait pas admis que je reste passif sur ce sujet !

Trop d'excitation ?

Une fausse excuse

L'homme qui éjacule trop vite évoque souvent le fait qu'il est trop excité. Cela a l'avantage de donner une explication plausible au phénomène et de rassurer sa partenaire. Elle sera peut-être frustrée sexuellement, mais rassurée sur son pouvoir de séduction. Hélas ! Cette supercherie ne fonctionne qu'un temps. La compagne va vite se lasser de cette surexcitation masculine et réclamer de pouvoir prendre un peu plus son temps, ce fameux « temps » dont les femmes ont besoin pour parler, s'exprimer et s'épanouir !

Non, l'éjaculation rapide n'est pas la conséquence d'une trop grande excitation sexuelle. La preuve en est que des hommes peuvent être très excités et faire l'amour longtemps, d'autres éjaculent rapidement alors même qu'ils ne ressentent qu'une excitation minime, voire absente, tout occupés qu'ils sont à tenter de se contrôler. L'orgasme est parfois minime, voire absent, et toujours bâclé.

Un mécanisme double

Le mécanisme est en fait à la fois psychologique et physique. Comparons avec un circuit électrique. Dès lors que quelque chose « fait masse », le disjoncteur se déclenche et coupe le circuit. L'homme qui éjacule trop vite sabote inconsciemment le rapport en « disjonctant » le système. La question se décale donc en amont : qu'est donc cet élément qui « fait masse » et déséquilibre l'échange sexuel ? La réponse réside dans le positionnement, c'est-à-dire la façon dont on existe par rapport à l'autre.

Pour qu'un rapport sexuel se déroule bien, il faut qu'un homme pleinement homme se retrouve face à une femme pleinement femme (l'homosexualité mélange les genres et le sens des cartes, mais la problématique est similaire). Comme pour la bougie d'un moteur, l'écartement des électrodes et leur positionnement est décisif pour l'apparition de l'étincelle.

La plupart du temps, l'homme manque de confiance en lui. Il s'éloigne alors mentalement de sa partenaire en se concentrant sur la performance qu'il estime devoir réaliser ou, à l'inverse, il se dévalorise et se persuade qu'il n'y arrivera jamais vu qu'il est si incapable, incompétent, maladroit et ignorant !

Risquons une explication psychologique : lorsqu'un homme s'efforce, en se contrôlant ou en faisant des efforts, de faire plaisir à une femme, il se retrouve inconsciemment dans la même position qu'un petit garçon qui veut faire plaisir à sa mère. La situation elle-même (« Je veux qu'elle soit contente ») semble laisser s'installer cette prise en main par un mécanisme archaïque. Or, on ne couche pas avec sa mère. L'interdit de l'inceste[14] vient s'interposer et bloquer la sexualisation du rapport. Finalement, ce « disjoncteur » automatique qu'est l'éjaculation prématurée agit efficacement pour protéger d'un réel danger : celui de faire l'amour à sa mère ou à une femme sur laquelle on va « projeter » cette dernière. Loin d'être un problème, l'éjaculation prématurée serait une solution !

Rétablir la parité

Le rétablissement d'un rapport plus paritaire, à égalité de génération, rétablit la plupart du temps les conditions d'une sexualité plus harmonieuse.

Jean-Marie, 34 ans

Je ne comprends pas ! Ma femme ne ressemble pas du tout à ma mère, ni physiquement ni moralement ! Autant ma mère était froide, distante, autant ma femme est attentionnée à mon égard, douce. Non, vraiment, je ne vois pas comment je peux admettre que je veux faire l'amour à ma mère !

Je ne comprends toujours pas ! On me serine depuis ma tendre enfance qu'il ne faut pas être macho ni égoïste. Qu'il faut penser à l'autre en priorité, être attentionné ! Que rien n'est pire que l'homme qui fait sa « petite affaire » rapidement et s'endort aussitôt, sans un câlin ! Comment, dans ce cas, puis-je penser à moi en priorité ? Non, vraiment, je ne comprends rien…

14. Même s'il présente parfois des failles aux conséquences dramatiques !

Ce que Jean-Marie doit comprendre, c'est qu'il ne s'agit pas de sa mère réelle, mais de celle qu'il espérait avoir. Ce mécanisme s'installe dès que l'homme tente de se « mettre sur la pointe des pieds » pour que la femme soit satisfaite.

Comment expliquer alors que tous les hommes qui veulent satisfaire leur femme ne soient pas éjaculateurs rapides ? Certains ont du mal à bander, c'est à peine mieux. Ceux qui fonctionnent normalement, en revanche, savent se faire confiance et cherchent leur propre plaisir en priorité. Ils aiment que leur femme soit heureuse, tout en lui laissant la responsabilité de prendre en charge ce cheminement vers la volupté. Ils ne pensent pas être chargés d'apporter à leur femme, sur un plateau et tout emballé, l'orgasme qui l'emmènera au septième ciel.

L'homme doit apprendre à penser à lui en instillant une petite dose d'*égocentration**, pas la bouteille entière. Il faut que le souci de l'autre puisse s'installer sur une confiance en lui suffisante.

Imaginons la situation inverse : une femme qui, pendant l'amour, ne ferait que guetter l'homme pour savoir si ce qu'elle lui fait est agréable, s'il aime, s'il va bientôt jouir. Si elle lui disait à chaque instant : « C'est bon ? Je fais ça bien ? J'ai si peur de ne pas y arriver ! Mon seul plaisir est de te faire jouir ! Et comme ça, c'est bien ? Comme je crains de ne pas être à la hauteur ! », je parie que Jean-Marie serait tenté de répondre : « Arrête de me scruter comme ça ! Occupe-toi de toi et laisse-moi me concentrer sur ma jouissance ! Tu me gênes à tout ramener à toi comme ça ! J'ai l'impression que tu attends que je jouisse pour te faire plaisir et te rassurer ! Ça me gâche tout ! »

En amour, c'est un peu chacun pour soi : au lieu de tourner à la compétition et au pugilat, cette rivalité se révèle voluptueuse et chacun tire son bénéfice du fait que l'autre cherche aussi le sien !

La crainte de l'échec met en échec

C'est le classique cercle vicieux de l'échec. L'homme craint d'échouer et cela l'angoisse tellement qu'il ne peut qu'anticiper un échec, lequel viendra confirmer qu'il avait bien raison d'avoir peur.

La sexualité ne peut réellement s'épanouir que dans un contexte de sécurité, de détente et de confort. L'homme qui pense devoir réaliser des performances sexuelles se retrouve dans la position d'un sportif dont on dit qu'il « a la pression », et qui a donc tous les risques d'échouer.

Nathanaël, 36 ans, facteur

On est mariés depuis quatre ans et j'ai toujours souffert d'éjaculation prématurée avec ma femme. De ce fait, on fait l'amour de moins en moins souvent, par crainte du fiasco. Ça me prend la tête, je ne pense qu'à ça ! Évidemment, patatras, ce qui doit arriver arrive. On n'essaie même plus. Je suis tellement sûr que je ne peux pas y arriver que je n'arrive pas à me détendre.

Nathanaël a besoin d'être insouciant, allégé du souci de bien faire. Mais comment le convaincre que cela suffira alors qu'il est persuadé au fond de lui que son symptôme est incurable ? Comment l'empêcher de saboter l'avenir au nom d'un passé tristement répétitif ? Comment lui faire entendre que seul le présent laisse émerger du neuf et que l'avenir est, par définition, ce qui n'existe pas encore ?

La sexualité ne lui demande pas de bien faire, mais de se laisser faire. Nathanaël doit se rendre disponible à l'excitation et à la sensation sans contrôler toute l'affaire, sans prendre en charge sa partenaire. Il doit être là, tout simplement.

Ce n'est pourtant pas si simple, surtout quand on a pris l'habitude d'être jugé sur pièce et que l'on risque à chaque instant de se sentir rejeté ou abandonné. Cette crainte a des conséquences sexuelles évidentes. Mais si elle venait plutôt d'une fragilité affective qui ne trouve pas de mots pour se dire autrement ?

Le rapport à la mère

Gagner l'autonomie

Quel rapport entre la mère et la sexualité ? *A priori*, aucun ! Au contraire, même, on peut imaginer que, la mère étant le personnage central de l'enfance, l'enfant devenu homme ne sera plus atteint par les avatars de cette relation infantile. Partenaire de sa compagne, à parité de génération, il va évidemment donner la priorité à ce qui se passe entre sa femme et lui. Normalement, même s'il continue à ressentir de l'affection pour sa mère, à la voir de temps à autre, le personnage féminin avec lequel il est « en affaire », c'est évidemment sa femme.

Mais nous avons vu que tout n'était pas si simple. Il n'est pas facile pour une mère de se séparer, fût-ce affectivement, de son grand fils. Il n'est pas non plus très aisé pour un fils de « quitter » sa mère et tout ce qu'il a reçu (et continue de recevoir) d'elle : ce regard inconditionnellement positif, cette sollicitude…

Le monde de l'enfance est, la plupart du temps, protégé de la cruauté du monde[15]. Il est tentant de laisser une partie de nous s'y réfugier dans une sorte de nostalgie inconsciente. Il s'établit souvent une complicité entre une mère et son fils qui peut sembler de bon aloi, mais qui se révèle diabolique !

Les mères font des garçons magnifiques…

… mais c'est aux pères de les aider à devenir des hommes[16] ! Comment devenir un homme ? La recette est simple à écrire, moins à réaliser :

15. Cela rend d'autant plus poignantes les situations dans lesquelles les enfants, loin d'être épargnés, sont les premières victimes de la violence des adultes.

16. Sans entrer dans une polémique qui a pris récemment un tour partisan, on peut estimer qu'il s'agit d'une énergie « paternelle » habituellement promue par le père. Sans exclure qu'une femme puisse jouer ce rôle, on ne peut pas oublier qu'une différence irréductible persiste : on sort du ventre de sa mère, pas de celui de son père. Même s'il y a beaucoup de culturel et d'historiquement déterminé, la différence des sexes est une notion peu contestable, à moins que cette contestation ne cache un propos idéologique.

- en restant protecteurs même s'ils sont en colère ;
- en différenciant colère et violence ;
- en tenant compte du plus faible, alors même qu'ils ont le pouvoir de l'anéantir.

D'autant que maman nous a recommandé d'être un gentil garçon avec tout le monde, et surtout avec elle. Elle aime bien que l'on soit non violent, mais respecté dans la cour de l'école. Elle nous assure que la fin ne justifie pas les moyens, mais elle aime savoir qu'on est prêt à réussir à tout prix.

Notre maman, nous ne l'avons pas choisie. On lui disait, à quatre ans : « Tu es la plus belle maman du monde et je veux me marier avec toi. » Il n'empêche qu'aucun mouvement d'élection spécifique ne nous a poussé vers elle. En matière de maman, on prend ce qu'on reçoit : difficile de chipoter et encore plus de décider de changer !

Si elle est fragile, on se retrouve avec une mission toute trouvée. Comment dès lors aller sur le chemin heureux de sa vie si cela signifie la laisser tomber ? Une mère dépressive et malheureuse, dont il faut se soucier chaque jour, vaut toutes les ceintures de chasteté. Elle ne nous a pas appris à gérer la rivalité : elle ne sait que refermer la porte de la bulle après en avoir éjecté les intrus. Si notre père joue l'intrus, nous pensons alors qu'il a sûrement mérité son sort d'exclu !

Choisir entre mère et compagne

Plaire à sa mère...

Après une telle enfance, avec une mère pareille, allez donc faire l'amour à une femme qui attend d'être protégée par nous, protégée d'elle-même aussi, qui attend qu'on ait confiance en nous-même. Elle veut se sentir choisie, donc sentir qu'elle pourrait ne pas l'être. Pour ce faire, elle a besoin d'être comparée aux autres mais, en même temps, ne supporte pas cette rivalité et sent la jalousie monter dès que le regard se porte ailleurs que sur elle...

Faisons le point : l'homme à l'érection fragile, éjaculateur prématuré, manque globalement de confiance en lui et manifeste un mauvais positionnement d'homme. Il évoque souvent une certaine proximité avec sa mère : soit qu'elle occupe encore une place trop importante dans sa vie, soit qu'il est complice ou sauveteur d'une mère malheureuse ou vieillissante. Ce mauvais positionnement face à sa mère le met en décalage par rapport à la parité de génération homme-femme dans la sexualité. Ce phénomène sera d'autant plus amplifié qu'il aura l'occasion de projeter l'image de sa mère sur sa partenaire.

Sa seule façon de faire plaisir à sa mère est de se montrer petit, sage et soumis : certainement pas un conquérant sûr de lui !

... ou s'affirmer ?

Dans nos contrées, il n'est plus d'actualité de penser que l'homme est censé risquer sa vie pour que survive sa tribu. Sur un plan archaïque, toutefois, c'est bien ce dont il est question ! Un danger menace-t-il la ville ? Les ennemis vont-ils attaquer ? La montagne menace-t-elle de s'écrouler ? Ce sont évidemment les hommes qui doivent affronter le danger, si le projet est de protéger la collectivité ! Si un homme peut féconder plusieurs femmes, il faut une femme par enfant durant au moins un an.

Que deviendrait une communauté dans laquelle les femmes iraient au combat ? Elles en sont capables et ne manquent en général ni de compétences ni de courage. Imagine-t-on une troupe des femmes revenant du combat décimée et épuisée alors que pendant ce temps, les hommes auraient fait manger les bébés, amusé les enfants et préparé la nourriture ? Ils en sont capables et ne manquent en général ni de compétences ni de détermination. Mais ce sont bien les femmes qui portent les bébés. Il ne s'agit donc pas ici d'une lecture culturelle ou historique, mais uniquement pratique : si le but de la communauté est de durer, alors ce sont les hommes qui doivent risquer leur vie pour que survive leur groupe.

Si les mères veulent que leurs fils restent des enfants pour les garder près d'elles (au cas où), elles doivent se rendre indispensables et les convaincre qu'ils ne doivent en aucun cas risquer leur vie, quelle que soit la cause, sauf peut-être pour les protéger elles.

Le jeune chasseur non violent et végétarien

Il était une fois un jeune homme, plutôt pacifique, à qui sa maman avait recommandé d'être gentil avec tout le monde, en particulier avec les femmes, vu qu'elle, sa maman, adorait être câlinée par des hommes doux. Ce que cette maman n'avait pas dit à son jeune garçon, c'est qu'elle préférait les câlins platoniques (comme ceux qu'elle pouvait échanger avec son fils, ça tombait bien) plutôt que des coïts qu'elle jugeait brutaux et insatisfaisants, d'autant que c'était l'homme qui y trouvait son compte plutôt qu'elle.

Le jeune homme se vit un jour, vers l'âge de dix-huit ans, gratifié d'un fusil de chasse. « C'est à toi, tu es un homme maintenant », lui assura-t-on. Il convint qu'il lui fallait en faire la preuve en se servant de son arme. Mais il n'en avait aucune envie ! Sa mère lui avait bien dit que le dialogue, l'attention et la gentillesse étaient des valeurs plus importantes que la violence, la sexualité bestiale et la concupiscence (d'ailleurs, aurait-on inventé un tel mot si la chose n'était pas répugnante ?).

Mais aujourd'hui, il doit partir à la chasse et montrer qu'il n'a pas peur de faire mal, qu'il fait bien partie du camp viril. Impossible de rendre l'arme à moins de rendre l'âme : il a envie de vivre et n'est nullement suicidaire.

Alors lui vient une idée géniale, qu'il décide d'appliquer aussitôt. À peine a-t-il fait quelques pas dans la forêt qu'il vise en l'air. PAAAF ! Il appuie sur la gâchette, vite, vite, pour se débarrasser de l'encombrante responsabilité, et repart soulagé : il porte encore son fusil, mais vide, et donc plus du tout menaçant ni pour lui ni pour quiconque.

Quand il reviendra, il lui faudra admettre être bredouille, mais ce n'est pas compliqué, d'autres chasseurs rentrent aussi bredouilles. Ainsi, il n'a pas eu besoin d'avouer qu'il ne voulait pas de ce fusil, que cette humeur guerrière n'était pas la sienne. Il a fait bonne figure et, même si le prix à payer (être un mauvais chasseur) est inconfortable, il sait au moins qu'il pourra encore bien longtemps rester l'enfant chéri d'une mère fragile.

Ce récit symbolique sert à mettre en évidence ce qui peut se passer dans l'inconscient d'un éjaculateur prématuré. Dans le conscient, on peut trouver un grand désir, une majestueuse excitation, une très acceptable affirmation de soi comme homme social. Mais les mères castratrices et culpabilisantes savent venir se nicher pour longtemps (pas pour toujours, gardons espoir) dans les replis archaïques des séquelles inconscientes de l'enfance.

CHAPITRE 6

BONNES ET MAUVAISES SOLUTIONS POUR LES HOMMES

Au programme

- L'éjaculation rapide
- Les difficultés d'érection

Face à des difficultés sexuelles, chacun trouvera des façons de se débrouiller. Sans espoir, en effet, c'est le découragement qui guette, et certains iront jusqu'à imaginer le suicide. Il est donc important d'aborder ce sujet.

D'abord, il est nécessaire de convaincre chaque homme qu'une sexualité satisfaisante est possible pour lui : il n'est pas de trouble incurable. Les moyens thérapeutiques (physiques et psychologiques) sont très efficaces et la sexualité est surtout affaire de relation, de positionnement et de symbole. La symbolique du rapport sexuel ne se résume pas à l'érection, à l'éjaculation ou au coït. Il s'agit bien plus de l'idée que l'on s'en fait, et cette idée n'est qu'une représentation de la réalité, pas la réalité elle-même.

L'éjaculation rapide

Ce qui ne marche pas

Culpabiliser pour des causes fantaisistes

Certains hommes pensent que leur éjaculation rapide est la conséquence, la sanction, voire la punition d'un comportement qu'ils jugent négatif : masturbation excessive, pensées obscènes, relations extraconjugales… Il n'en est rien, évidemment. Ils peuvent éventuellement se sentir coupables, c'est une autre affaire. Mais ils ne sont pas sanctionnés par là où ils ont « péché » !

Éviter les stimulations

Les Américains, au cours des années soixante, appelaient cette méthode le *no touch*. D'après cette théorie, une éjaculation trop rapide était due à un excès de stimulation. La partenaire était donc invitée à ne pas toucher le membre viril avant la pénétration. Les échecs systématiques de cette méthode furent mis sur le compte de ces maladroites qui ne pouvaient s'empêcher d'effleurer le gland de leur partenaire. Du coup, non seulement l'éjaculation n'était pas retardée, mais les couples se fâchaient durablement !

Diminuer la sensibilité du gland

Toujours dans l'idée que l'homme qui éjacule trop vite est trop excité, on a cherché ce qui pouvait diminuer l'excitabilité du gland. Le fait qu'il y ait autant d'éjaculateurs rapides chez les hommes circoncis que non circoncis aurait dû mettre la puce à l'oreille des sexologues : le gland circoncis, constamment au contact du slip ou du caleçon, développe une kératinisation spontanée qui diminue sa sensibilité au tact superficiel mais nullement au tact profond, qui reste si l'on peut dire « intact » !

Le préservatif, contre toute attente, n'apporte pas de répit non plus. Pourtant, en matière d'atténuation des sensations, on n'a rien à lui reprocher.

Enfin, dans la même veine, on en arriva à utiliser des pommades anesthésiques à étaler sur le gland avant le rapport. L'éjaculation se trouve légèrement retardée, de quelques secondes dans le meilleur des cas. Mais toute sensation voluptueuse légitimement escomptée disparaît, y compris chez la partenaire dont le vagin, dûment badigeonné d'anesthésique, peine à transmettre les perceptions libidinales.

Ce qui peut marcher

Éliminer une cause organique

Un médecin devra confirmer que les organes de la région sont indemnes d'affection. Inflammation, tumeur, infection virale ou microbienne peuvent éventuellement retentir sur la sexualité. Ces causes organiques sont assez rares, mais si on les découvre, il est opportun de les traiter. On a alors souvent la satisfaction de voir l'amélioration du symptôme sexuel suivre de peu la guérison du symptôme physique.

Se masturber avant

Cet expédient est spontanément trouvé par des hommes qui constatent qu'ils « tiennent » plus longtemps après une première éjaculation. Les inconvénients de cette méthode sont évidents :

- cette masturbation n'est pas toujours réalisable, surtout en cas de rapport imprévu ;
- la partenaire n'est en général pas informée de cette pratique et peut assez mal réagir si elle la découvre inopinément ;
- les habitudes d'éjaculation coup sur coup peuvent s'installer à long terme, rendant ainsi plus problématiques les solutions efficaces sur la cause de l'éjaculation rapide.

De plus, le temps joue contre cette méthode : avec l'âge, la *période réfractaire* augmente et c'est l'érection qui risque de disparaître pour de bon !

Refaire l'amour aussitôt après

Il s'agit d'une variante de la méthode précédente, contre laquelle le temps joue également. Mais son principal inconvénient vient de la partenaire, pour qui l'éjaculation représente symboliquement un terme, une sorte d'aboutissement qui, en quelque sorte, termine le rapport et l'excitation amoureuse qui l'accompagne. Cela n'a pas de sens, dans ce contexte, de « repartir » pour un autre rapport. Ce qui n'était qu'une pause technique pour lui risque d'être vécu par elle comme le terminus !

Par ailleurs, prétendre qu'on est trop excité peut marcher au début d'une relation, mais le pot aux roses fini par être découvert, à moins de changer souvent de partenaire.

De longs préliminaires

Caresser, embrasser la femme assez longtemps pour que la pénétration n'intervienne qu'en fin de course, un peu comme la « cerise sur le gâteau ». Puisqu'on sait que cette pénétration sera de courte durée, on la situe donc au meilleur moment : à la fin. Certains ont utilisé ce subterfuge durant toute leur vie sexuelle. Cela a l'avantage de dédramatiser le symptôme en permettant une sexualité satisfaisante, mais nécessite une coopération certaine de la partenaire !

Le *squeeze*

Il s'agit d'une méthode visant à retarder l'éjaculation en arrêtant les mouvements coïtaux et en pressant l'urètre, à la base du gland, avec les doigts. Cette action peut être pratiquée par l'homme lui-même ou par sa partenaire. Cela permet à la sensation d'imminence de l'éjaculation de s'estomper. On reprend ensuite peu à peu les mouvements coïtaux. Dès l'alerte suivante, on recommence. De proche en proche, on tient plus longtemps. Le but est de créer un apprentissage physique, une sorte de conditionnement qui enseigne au corps d'autres réflexes.

Le *squeeze* intègre, dans sa version complète, la valorisation des caresses et des massages sur le corps entier, et pas seulement sur les zones sexuelles. Il propose ainsi aux partenaires de découvrir des moments de réelle sensualité sans passage à la sexualité.

Il s'agit d'une sexothérapie qui peut entraîner de réels succès, mais qui comporte quelques inconvénients. Il n'est pas facile de convaincre la partenaire d'arrêter ainsi son excitation et d'avoir un rapport « en pointillé ». Elle doit retenir tout mouvement, éventuellement se retirer et presser la base du gland de son partenaire. Dès que la menace d'éjaculation est passée, elle peut recommencer la pénétration et les mouvements, durant quelques secondes… Il est vrai que c'est pour la bonne cause, et avec l'espoir d'une amélioration future ! Mais si ce futur se fait attendre, elle risque de se démotiver.

Enfin, cette méthode exclusivement comportementale fait fi de toute la dimension inconsciente de l'affaire – et l'on ne défie pas impunément la puissance de l'inconscient. Nous avons vu dans les chapitres précédents que l'éjaculation rapide avait un sens dans l'économie globale de la personne : chassez l'inconscient par la porte, il risque de revenir par la fenêtre !

Les antidépresseurs

Il faut le reconnaître, sans pouvoir l'expliquer d'ailleurs, le traitement aux antidépresseurs retarde parfois les éjaculations rapides. Ce traitement peut être continu, avec des doses adaptées à une dépression typique, ou n'être proposé qu'à faible dose quelques heures avant le rapport. Le patient est alors rassuré sur la possibilité que son symptôme disparaisse. Il sort du terrible sentiment d'inéluctable, d'incurable. Mais cette amélioration ne dure qu'un temps.

Outre les effets secondaires de ces médicaments psychotropes (c'est-à-dire qu'ils affectent le psychisme), qui ne sont pas anodins, leur principal inconvénient réside dans la dépendance psychologique. Si « ça marche » pendant le traitement et que « ça ne marche plus » à l'arrêt du traitement, quand donc arrêter ce dernier ? Le risque existe bel et bien de se retrouver au bout du compte à la case départ. L'homme aura développé une confiance certaine dans la chimie, mais qu'en sera-t-il de sa confiance en lui-même ?

Le travail de l'énergie corporelle

Il s'agit d'un travail en profondeur sur la façon dont l'homme laisse son énergie circuler dans son corps. Il peut apprendre à laisser diffuser les sensations, à reconnaître les mouvements qui accompagnent le flux de la vie. Au lieu de se crisper sur le spasme de l'éjaculation qui viendrait atténuer rapidement une tension physique qu'il ne saurait tolérer, l'homme peut apprendre à gérer son énergie physique : mouvements ondulatoires du bassin, respiration, sensations… Le yoga peut l'aider dans cette direction.

Les difficultés d'érection

Ce qui ne marche pas

Les produits réputés aphrodisiaques

Par exemple la corne de rhinocéros, dont l'unique résultat est la disparition de ces animaux abusivement chassés et abattus pour cette mauvaise raison. Certains aliments sont dits « aphrodisiaques » parce qu'ils sont vasodilatateurs (poivre ou piment) ou qu'ils remettent en forme (vitamines, compléments alimentaires), mais leur effet n'est qu'un *placebo*.

Chercher une femme plus excitante

Les hommes ne bandent pas parce qu'ils sont excités, puisqu'il peut leur arriver de ne pas bander alors qu'ils le sont. Il arrive également qu'ils bandent sans être excités : le matin, ou à la suite de stimulations tactiles[17].

Bref, érection et excitation ne sont pas aussi liées qu'on pourrait le croire. Il est ainsi illusoire de mettre sur le dos de la partenaire la difficulté d'érection. Il peut arriver qu'une panne d'érection soit concomitante d'une baisse de désir, mais même dans ce cas, le changement de partenaire ne réglera pas durablement le problème. L'intensité du désir sexuel et la réponse physique qui l'accompagne sont toujours en rapport avec une projection personnelle – Lacan disait qu'on ne fait pas l'amour à deux mais à trois : l'homme, la femme et le désir. Il peut donc être opportun de retrouver les conditions du désir dans la relation.

Ce qui peut marcher

Éliminer une cause organique

Pas d'hésitation dans ce domaine non plus : il faut éliminer une cause due à l'atteinte d'un organe ou d'un système physique. Il n'est pas dans l'ambition de cet ouvrage de se substituer à une consultation médicale. Qu'il suffise de savoir que le médecin recherchera des causes vasculaires, hormonales, locales, générales ou iatrogènes (provoquées par les médicaments). Si les érections matinales existent, on incriminera plutôt une cause psychologique, puisque la « mécanique » prouve ainsi qu'elle fonctionne.

Dans le même ordre d'idée, une érection qui retombe au moment ou au cours de la pénétration orientera plutôt l'investigation vers le domaine psychique.

17. Certaines activités professionnelles exposent à ce genre de désagrément : le marteau-piqueur peut provoquer des érections, voire des éjaculations parfaitement détachées de tout contexte érotique ! Les femmes peuvent être également concernées par cette irruption du sexuel dans le professionnel. Au XIXe siècle, les couturières faisaient tourner leur machine à coudre avec un pédalier. Dans les grands ateliers, les contremaîtres avaient l'habitude de voir le visage de certaines employées se crisper tout à coup du fait d'un orgasme intempestif provoqué par le frottement des cuisses contre leur clitoris. Il est probable que la sensation n'était guère voluptueuse et devait sûrement gêner la femme dans son travail.

Les produits favorisant l'érection

Les érections peuvent être chimiquement assistées (comprimés à avaler avant le rapport). Ces médicaments sont arrivés sur le marché durant les années quatre-vingt-dix et leur succès a été fulgurant, générant aussi de confortables marges pour les laboratoires pharmaceutiques.

L'érection n'intervient que si une stimulation physique ou visuelle la provoque. Le médicament ne fera que la confirmer en la rendant plus solide et plus durable.

Les mécanismes d'action de ces médicaments sont variés. Chaque marque emploie l'un ou l'autre, et tous aboutissent au même résultat : retenir le sang dans le *corps caverneux** de la verge, qui se gonfle comme une éponge. Toutefois, ces médicaments peuvent se révéler inefficaces si l'homme présente un déficit en hormones mâles, et la correction de ce déficit peut améliorer leur efficacité.

Les injections intracaverneuses

L'homme injecte dans sa verge un produit qui va provoquer l'érection. L'aiguille est fine et l'injection indolore. Quelques minutes après, la verge est dressée. Des incidents, rares, peuvent survenir : infection au point d'injection, hémorragie ou priapisme[18].

D'autres produits peuvent aussi être déposés dans le méat urinaire, sans injection. Leur efficacité est incontestable, et leur utilisation ne se limite pas aux victimes de pannes sexuelles : certains hommes les emploient de façon « libertine », pour faire durer une érection déjà acceptable mais qu'ils souhaitent encore plus performante et prolongée.

Leurs inconvénients peuvent cependant limiter leur indication :

- effets secondaires (retentissement sur la santé, surtout en cas de problèmes cardiaques ou vasculaires) impliquant leur prescription par un médecin ;

18. C'est-à-dire que l'érection ne disparaît pas et persiste douloureusement durant plusieurs heures. Une consultation médicale s'impose alors en urgence.

- prix et absence de remboursement, en dehors des cas d'atteintes physiques sévères ;
- opposition de la partenaire : soit qu'elle se sente dévalorisée par le fait que son homme ait besoin d'une « béquille chimique », soit que, passé un certain âge, elle se satisfasse de l'arrêt progressif d'une sexualité qui ne lui dit plus rien ;
- risque d'une accoutumance psychologique : la prise de ces médicaments laisse intacte la crainte de l'échec *(anticipation négative*)* pour le jour où l'on essaiera sans le fameux produit. Il peut arriver qu'un homme reprenne confiance en lui grâce à cette érection chimiquement assistée, mais ces cas sont rares, à mon avis, comparés à tous ceux où l'homme se retrouve finalement à la case départ. Comme pour les antidépresseurs destinés à améliorer l'éjaculation rapide, on semble alors espérer réparer une horloge en manipulant seulement ses aiguilles. Pendant quelques minutes (et toutes les douze heures), cette pendule pourra donner l'illusion fugace qu'elle fonctionne, mais qui peut se satisfaire longtemps d'une si piètre supercherie !

Le *vacuum*

Son but est de faire affluer le sang dans la verge. On introduit le pénis dans un cylindre de plexiglas relié à une poire de caoutchouc destinée à faire le vide. Après s'être assuré de son étanchéité, l'homme pompe et le pénis se gonfle de sang, appelé par la dépression produite par la poire. L'érection qui en résulte peut durer assez longtemps pour permettre l'intromission.

Les prothèses

Les prothèses ne sont proposées qu'en cas d'échec des traitements précédents, lorsque l'impuissance sexuelle est majeure et permanente. Il s'agit de placer à l'intérieur même de la verge, à demeure, un dispositif soit gonflable, soit semi-rigide. Les chirurgiens urologiques ont souvent une grande maîtrise du procédé et savent le proposer lorsqu'ils l'estiment indiqué.

PARTIE 3

LA SEXUALITÉ EN PERSPECTIVE

CHAPITRE 7

L'ASPECT PSYCHOLOGIQUE

Au programme

- **La liberté à tout prix ?**
- **Quelques troubles psychiques**
- **Les interdits judéo-chrétiens**
- **Psychothérapie et sexologie**

La liberté à tout prix ?

Explorations

Dans la série « interdits, tabous et moralisme », la sexualité possède l'oscar toutes catégories. S'il est vrai qu'on ne peut pas tout faire avec n'importe qui, comment se repérer dans l'étrange maquis de la morale sexuelle ?

Bien sûr, en Mai 68, il était interdit d'interdire. On sortait d'une telle période d'interdits que cette ambiance de liberté avait un parfum assez fascinant. Les années qui suivirent ouvrirent un éventail de possibles qui se devaient donc d'être explorés[19]. David Hamilton et Gabriel Matzneff s'approchèrent de jeunes filles prépubères pour les photographier, les interroger, les admirer… et les désirer. On ne parlait pas alors de pédophilie ni de pédomanie (terme plus juste). En Californie, le National Sex Forum

19. Voir Guillebaud dans la bibliographie.

militait pour la libération sexuelle en filmant diverses modalités de la sexualité ; il n'était pas question de pornographie, mais d'engagement militant. On put alors visionner les activités érotiques suivantes :

- masturbation masculine et féminine,
- acte sexuel avec une femme enceinte devant ses deux aînés, qui, certes, ne regardaient pas la scène fixement, mais traversaient le champ de la caméra comme si de rien n'était,
- acte sexuel entre handicapés moteurs…

La déferlante pornographique, à peine freinée par la taxation fiscale appliquée aux films X, finit par se banaliser et pondre ses œufs, comme un coucou désabusé, au creux de la toile d'Internet. Nombreux furent ceux qui s'habituèrent à ce qui les choquait tant quelques années auparavant. On finit par trouver des cassettes vidéo pornographiques au supermarché, et certains films aux scènes très explicites ne furent plus forcément éliminés de la première partie de soirée à la télévision. Un logo de couleur se bornait à encourager les parents à éloigner les enfants du poste. Finalement, tout fut pratiqué, et la culpabilité jetée aux orties.

La nécessité des repères

Il s'agissait alors de rester très vigilant afin de dénoncer tout éventuel retour de l'ordre moral. L'expression fit florès tout en recelant une ambiguïté : certes, personne ne pouvait s'arroger le droit de régenter la vie des autres au nom de sa propre morale, de façon autoritaire, voire coercitive, mais il ne fallait pas pour autant supprimer toute morale, toute loi.

Amour père-fille

Au cours d'une consultation familiale, une fille se plaignit que son père lui donne de temps en temps des claques sur les fesses ou fasse des allusions à sa poitrine naissante, comparant les bonnets de ses soutiens-gorge successifs avec ceux de sa mère. J'entérinai la légitimité de sa récrimination, mais son père se défendit :

« Mais c'est ma fille, je ne fais rien de mal ! C'est uniquement affectueux. Elle rencontrera des garçons qui feront bien pire, elle sait bien que je ne lui veux pas de mal... »

Je pris alors conscience que personne n'avait alerté cet homme de la nécessité de respecter la pudeur de sa fille et surtout la différence des générations. Il n'avait rencontré aucun discours, aucun texte, aucun film qui ne fasse même qu'effleurer la question. Son indignation affectueuse n'était pas feinte : il aimait sa fille et ne voyait pas d'obstacle à lui manifester son amour de cette manière. Il était à mille lieux de se penser incestueux.

Finalement, il fallut bien se rendre à l'évidence : les enfants en général et les petites filles en particulier n'étaient à l'époque pas protégés de la sexualité des adultes. La fréquence de ces abus, dès qu'ils furent désignés comme tels et dûment recherchés, effarèrent les experts par leur nombre.

Quelques troubles psychiques

La sexualité ne peut pas être harmonieuse si l'on n'est pas bien dans son corps, mais il est nécessaire d'être bien aussi « dans sa tête ».

Quelles sont les difficultés psychologiques qui peuvent perturber la vie sexuelle ? Cette question soulève un élément très étonnant qui désarçonne souvent les sexologues. Certaines personnes, hommes ou femmes, semblent bien dans leur peau, relativement épanouis, mais témoignent d'une sexualité difficile, qu'ils aient un conjoint ou lors de rencontres épisodiques. À l'inverse, d'autres donnent d'eux-mêmes une image renfrognée, rébarbative, fermée, parlant de relations presque toujours conflictuelles, parfois pleines de colère ou d'ambivalence – pourtant, leur sexualité, inexplicablement, paraît se dérouler de façon satisfaisante, comme s'ils gardaient cette zone-là à l'abri des avanies de leur vie.

Il n'est pas possible de décrire le « profil type » de la sexualité heureuse, et c'est une bonne chose. Nous n'avons pas à nous conformer à un « sexuellement correct » qui imposerait à chacun un style de vie calibré. Toutefois, on peut observer que certaines souffrances morales ou psychologiques ne font décidément pas bon ménage avec la sexualité.

Dépression : l'appétit disparaît

Ici, lorsque la « comptabilité énergétique » doit faire des économies et se concentrer sur l'essentiel, la libido est le premier « poste » supprimé. C'est particulièrement vrai pour les femmes, dont l'expression du désir réclame toujours un certain contexte pour s'exprimer : la déprime ne peut qu'aggraver ce processus.

Mais les hommes ne sont pas à l'abri des conséquences sexuelles de la dépression ! Ils ressentent alors plus rarement, par exemple, naître une attente sexuelle : tel homme déprimé n'aura plus « envie » de faire l'amour qu'une fois par mois alors que cette pulsion était quasi quotidienne lorsqu'il allait bien. On peut également attribuer à la dépression certaines pannes d'érection, d'éjaculation prématurée ou retardée.

De fait, la dépression entame l'élan vital et l'appétit de vivre disparaît. Faut-il préciser que, dans ce cas, le traitement du trouble sexuel est tout à fait secondaire par rapport à la dépression, qu'il faudra reconnaître et traiter prioritairement ?

Il existe bien des formes de dépression, mais attardons-nous ici sur l'exemple de la dépression par motivation passive-agressive. Le discours d'une personne passive-agressive (formulé ici au féminin, mais un homme peut parfaitement exprimer la même chose !) dit (inconsciemment) à peu près ceci : « Si j'étais gaie et pimpante, ce serait trop facile pour lui ! Je vais être triste et fatiguée, comme ça il verra bien que ce n'est pas facile pour moi et que je n'ai pas du tout apprécié toutes les méchancetés qu'il m'a dites l'autre jour… » C'est là une façon de montrer une agressivité rentrée, de se présenter au monde, à l'autre et à soi-même de façon déprimée et passive.

Une variante de cette attitude est le jeu de « l'épouvantail[20] », qui consiste à prétendre que, si l'on se montre agréable, prévenant et sexy, l'autre n'aura aucun mérite à nous aimer et à rester attaché à nous. Donc, si l'on veut avoir la « preuve » d'un « véritable amour », on croit devoir le tester en permanence en se montrant hostile, acariâtre et fermé à la sexualité. Il s'agit là évidemment d'une stratégie inefficace et destructrice, qui ferait mieux de laisser la place à la confiance et à la joie de se savoir aimé… pour qui on est !

La personnalité évitante

Cette expression désigne des personnes extrêmement sensibles au risque d'humiliation, à la honte, au risque de rejet, qui ressentent de ce fait une réticence à se lier aux autres et recherchent (sans jamais la trouver) la garantie d'être approuvées sans une seule critique. La honte est un agent inhibiteur très puissant, qui peut trouver son origine dans l'enfance ou dans l'adolescence. On n'imagine pas à quel point les adolescents sont cruels et ne reculent devant rien pour faire rigoler le groupe. J'ai vu des gens avoir besoin d'années entières pour se remettre de blessures de honte subies dans l'enfance et surtout l'adolescence.

On voit ces personnes s'installer dans un retrait social, une faible estime d'elles-mêmes. Cet isolement sera d'autant plus difficile à vivre qu'un fort désir d'affection et d'approbation existe malgré tout. La sexualité s'en ressentira, troublée par la dépression, l'anxiété et la colère contre soi. Et dans cette valse-hésitation, « je te cherche, je te fuis », n'y a-t-il pas une façon de donner son corps tout en se coupant de l'autre ?

La personnalité coupée (ou clivée)

Se couper de l'autre… et de soi-même ! Voilà des gens qui ont beaucoup de mal à ressentir et *a fortiori* à exprimer des sentiments

20. Décrit par Alain Crespelle en 1991.

chaleureux et tendres. Ils apparaîtront insensibles aux éloges aussi bien qu'aux critiques, et plus généralement aux sentiments exprimés par les autres.

Il est très difficile pour ces personnes de s'investir dans une relation, de ressentir un désir quelconque. Préférant s'isoler, elles ont peu ou pas d'amis intimes et recherchent des activités solitaires. Peu sensibles à l'humour, elles sont souvent vécues comme ennuyeuses par leur entourage, qui finit par se lasser de chercher à les dérider.

Dans ce cadre relationnel froid et distant, l'acte sexuel, lorsque finalement il advient, donne l'impression au partenaire que la personne « n'est pas là », même si son corps peut réagir en « fonctionnant » presque normalement. Analphabète sur le plan émotionnel, la personne touchée semble avoir besoin de s'alphabétiser ! Si elle prend le risque de ressentir le feu du désir réchauffer son espace intérieur, elle pourra accueillir avec joie l'exaltation sexuelle au sein d'une rencontre plénière.

La « parano »

Il est vrai qu'il y a quelque chose d'inquiétant dans la sexualité : cette tentation de s'approprier l'autre, de l'avoir. L'expression « je l'ai eue » veut aussi bien dire « mon stratagème a eu le dessus » que « j'ai couché avec elle » !

C'est particulièrement le cas si on aborde la sexualité avec une personnalité rigide. Certains ressentent une méfiance généralisée à tout le genre humain et n'ont confiance en personne. Hypersensibles, ils ont paradoxalement réduit leurs manifestations affectives au minimum, et chaque menace pressentie entraîne de savantes précautions. Récusant toute critique, même et surtout celles qui sont justifiées, ces personnes sont hypervigilantes envers leur environnement. Elles sont perçues comme sur leurs gardes, secrètes et volontiers dissimulatrices.

Comme elles s'attendent sans cesse à être trompées, elles peuvent ressentir une jalousie pathologique : aucun élément, même objectif, ne peut les apaiser. Habituées à croire pouvoir lire dans la pensée des autres, elles y décèlent de prétendues idées désobligeantes à leur égard.

Se faisant des montagnes d'un rien, elles n'arrivent pas à se relaxer et ont oublié comment être douces et tendres. Et comme elles se forcent à garder leur sang-froid en toutes circonstances, elles ont forcément du mal à s'abandonner, et leur sexualité risque de ne pas trouver de place dans un espace relationnel acceptable.

L'hystérie

Trompeuses apparences

En voyant une femme qui attire les regards, rit fort en levant le menton, est habillée sexy et fixe les hommes droit dans les yeux, on se dit qu'au moins, pour elle, il n'y a pas de problème de sexualité ! Hélas… On dit parfois que ces femmes érotisent la vie quotidienne et désérotisent l'acte sexuel : il y a de la déception dans l'air.

Les hommes ont plus rarement un tel comportement, car il est moins évident pour eux d'attirer les regards avec leur corps. De plus, la dynamique psychologique n'est chez eux pas la même que pour les femmes.

Reprenons : nous voyons une femme qui dépense (consciemment ou non) une énergie considérable à séduire et à attirer l'attention, au point qu'on percevra sa présence même si on ne la voit pas ! Un parfum capiteux qu'on sent encore quand elle a quitté la pièce, un rire sonore qui traverse les cloisons… tout cela participe de son personnage.

Des racines enfantines

Comment tout cela a-t-il commencé ?

La petite fille qu'elle a été (appelons-la Pétronille) est née dans un foyer où maman était un peu dépressive (fréquent…) et papa plutôt absent (encore plus fréquent…). Comme papa s'éloigne de plus en plus, avec une femme aussi triste et un bébé qui ne le concerne pas, la petite fille a un besoin urgent de stimulation et de reconnaissance.

Du côté de maman, difficile d'attirer son attention, occupée qu'elle est par ses propres soucis, les tâches ménagères, son mari trop absent… Mais Pétronille s'aperçoit un jour que, si elle rit très fort, pleure très fort ou se roule par terre, alors papa va lever les yeux de son ordinateur et s'occuper d'elle. Et surtout, dès qu'elle aura l'âge (très tôt !) de se parer d'attraits féminins, l'œil de papa va s'allumer. Une jupette à fleurs, une coiffure seyante, un justaucorps moulant… Il n'en faut pas plus pour que papa non seulement devienne attentif à elle, mais ait en plus l'air séduit.

L'histoire est terminée et l'épilogue durera toute sa vie. Sa vie entière, en effet, elle séduira les hommes et sera rivale des femmes. Et cette bombe sexuelle, que l'on voit passer avec ses tenues affriolantes, n'est en fait au fond d'elle qu'une petite fille de quatre ans qui aimerait que son papa lui fasse un câlin. Hélas, les hommes qu'elle « recrute » ainsi à l'âge adulte n'ont pas envie de lui faire un câlin paternel, et ce qu'ils lui feront alimenteront chez elle la nostalgie de l'amour pur, impossible… Pétronille, en robe courte et bas résille, le décolleté plongeant et la prunelle allumeuse… voudrait tant qu'on l'aime pour son âme !

Les interdits judéo-chrétiens

La fameuse morale

Il semble que la religion judéo-chrétienne possède en Occident une réputation extrêmement répressive, non seulement contre les actes, mais, ce qui est encore plus grave, contre les désirs et les fantasmes. Si l'Église catholique arrive ici en tête des reproches, c'est l'ensemble de la tradition judéo-chrétienne qui semble responsable notamment d'une culpabilisation massive entraînant de graves névroses, et du rejet du préservatif et de la contraception en général, de l'homosexualité, de la masturbation, et de tout ce qui concerne la jouissance.

Au passif de la religion, citons saint Jérôme, qui dit que « rien n'est plus immonde que d'aimer sa femme comme une maîtresse », ou bien saint Augustin qui observe assez naïvement que les gens se cachent durant leur activité sexuelle et en tire argument pour penser qu'il y a donc là quelque chose de mal !

L'apogée de la culpabilisation est atteint au XIXe siècle, par exemple dans le manuel des confesseurs qui indique *« in re sexuali, non datur parvitas materiae »*, c'est-à-dire « en ce qui concerne la sexualité, il n'y a pas de petite faute ». Cette phrase peut d'ailleurs se comprendre de deux façons, dont une plutôt sympathique : il y a de grandes fautes (viol, pédophilie, inceste), mais quant au reste, faites ce que vous voulez !

Les interdits religieux peuvent eux aussi être entendus de deux manières, celle des croyants et celle des non-croyants. Les croyants y voient un guide précieux pour leur vie quotidienne (notons à ce propos que les interdits sont bien plus confortables que les obligations : ils autorisent implicitement tout le reste, alors que les obligations enferment la personne dans un comportement univoque). Les non-croyants se plaignent de subir, par contrecoup et par le biais d'une éducation culturelle culpabilisante, un conditionnement entravant leur développement et étant à l'origine de névroses plus ou moins curables.

La discussion avec tous ces gens-là est assez difficile, aussi bien avec les croyants qui ne demandent rien à personne et sont heureux de pratiquer leur religion, qu'avec les non-croyants en guerre contre leur éducation, leur culture et leurs parents mais qui ne connaissent de la religion proprement dite que ce qu'ils en ont subi, c'est-à-dire la *castration** de leur désir.

Reste à savoir ce que les religions pensent vraiment du désir dans sa dimension sexuelle. Pour synthétiser ici cette vaste question, j'évoquerai principalement la religion judéo-chrétienne, largement constitutive de la culture occidentale.

Les autres religions

Disons un mot du bouddhisme, ou plutôt des bouddhismes, tant ils sont nombreux et différents : la sexualité y est vue comme un lieu de passion, d'attachement, de désir, d'émotions puissantes… Inutile d'insister sur le fait qu'il ne s'agit pas là d'une voie recommandée, sans doute tolérée pour les couples, mais qui s'accommode mal du détachement prôné par cette approche philosophique. Il n'existe donc pas d'interdits particuliers, mais une défiance généralisée à l'encontre de la sexualité et de ses ferveurs.

Dans l'islam, la sexualité est surtout évoquée dans le contexte exclusif de la vie de couple et dans une perspective de fécondité. Le plaisir sexuel en lui-même n'y est pas condamné, en tout cas pour les hommes.

Une série de malentendus

Une religion qui aime le corps ?

La tradition judéo-chrétienne adopte une attitude complexe et donc soumise à des malentendus qui ne datent pas d'hier : Celse, un néoplatonicien du IIe siècle, désignait les chrétiens par le quolibet de *philosomaton genos*, c'est-à-dire « le peuple qui aime le corps ».

Il fallait certes qu'ils l'aimassent pour assumer une religion de la résurrection de la chair, et pas seulement de l'âme, une religion de l'incarnation où les sacrements se donnent dans une matérialité qui, pour symbolique qu'elle soit, n'en concerne pas moins les sens (pain, vin, eau, huile, etc.). Comme en réponse à tous les contempteurs du corps, François de Sales, dans son *Traité de l'amour de Dieu*, recommande d'aimer son corps comme une image vivante de celui du Sauveur incarné.

Certes, le christianisme a plus facilement valorisé le corps souffrant, travaillant, célébrant, que le corps jouissant, encore que les descriptions que les mystiques font de leurs « extases » ressemblent fort, et même en bien plus intense, à des jouissances profondes et prolongées. Pourtant, il n'y a dans la Bible aucune marque de mépris à l'égard du corps ni du plaisir. On lit même dans le livre des Proverbes (5,19) : « Trouve ta joie dans la femme de ta jeunesse, / Biche aimable, gracieuse gazelle, qu'en tout temps ses seins t'enivrent… », jusqu'au fameux Cantique des Cantiques dans lequel l'amour physique d'un couple sert à décrire l'union mystique de l'âme à Dieu.

Une triple confusion

Mais ces malentendus suscités par la tradition judéo-chrétienne sont au moins au nombre de trois, comme le souligne Xavier Lacroix.

Premièrement, la confusion avec l'approche stoïcienne : pour les Grecs, en effet, le comble du bien se trouve dans le contrôle de soi et dans la raison. Il aura suffi que le message biblique se trouve réduit à une morale destinée à régir les comportements pour que la superposition de ces deux approches fasse les dégâts que l'on sait. En fait, on ne trouve nulle part de condamnation de la sexualité en tant que telle dans la Bible et Jésus a refusé de juger la femme adultère, en trouvant en plus le moyen de lui éviter la mort pourtant prescrite par la loi.

Deuxièmement, la confusion avec l'ordre bourgeois, qui date du XVIIe siècle, pour lequel la régulation sociale passait par une sorte de mise au pas de la population, dont on attendait qu'elle aille travailler chaque matin plutôt que de se prélasser au lit après une folle nuit d'amour. L'impératif moral n'est ici qu'un alibi, masquant maladroitement un projet politique d'embrigadement de la société au profit d'un système économique exigeant.

Troisièmement, la confusion avec la nécessité d'une filiation repérée, tant il est important dans nos sociétés sur un plan juridique, économique et psychologique, de savoir qui est l'enfant de qui. La dérégulation de la sexualité, à laquelle la contraception médicalisée n'apporte qu'une solution médiocre, aurait pour effet un bouleversement social, provoquant une indifférenciation relationnelle et un fracas majeur dans les structures de la société.

L'intérêt des interdits

Ceci posé, on se rend compte désormais qu'il existe aussi des inconvénients à l'interdiction d'interdire et que jouir sans entrave risque d'être peu protecteur, pour la santé autant physique que mentale. Il nous faut donc une grille de compréhension des interdits judéo-chrétiens.

Les conditions

Tout d'abord, ils fixent les conditions dans lesquelles on peut rester sujet de sa propre vie et sujet de la relation avec les autres. Il est en effet ici question d'éviter la violence, les intrusions et les abus de toutes sortes du fort à l'encontre du faible.

La jouissance sexuelle est souvent un débordement qui demande à être canalisé. Du verbe grec *orgao* (« bouillonner ») sont tirés les mots « orgasme », « orgie » et « colère » *(orgê)*. On peut appréhender ce désordre dans plusieurs situations :

- transgression des limites jusqu'à la violence ;
- fête privée ou collective ;
- récréation, apaisement de tensions internes ;
- mise en scène de fantasmes ;
- expérience de libre jeu du désir.

La sexualité étant une zone propice aux débordements, il s'agit de disposer çà et là les protections nécessaires.

Les références

Ensuite, ils indiquent un référentiel, un idéal vers lequel tendre. Ils ne doivent pas servir à juger ni à dévaloriser ceux qui ne peuvent ou ne veulent pas les appliquer : doit-on dire qu'il est « interdit » de mélanger de la bière avec un vin rare ? On peut simplement le déplorer et souhaiter que personne ne s'adonne à un tel « sabotage » gustatif !

Éric Fuchs[21] observa avec finesse que « le christianisme n'est pas coupable d'avoir refusé la sexualité, mais peut-être d'avoir, au contraire, cherché par tous les moyens, y compris répressifs, à en dire le sens éthique ».

La Bible parle du sexe

Les trois chemins

Il semble par ailleurs que la Bible travaille le sens de la sexualité dans trois directions.

D'abord une désacralisation de la sexualité, où celle-ci n'est pas comprise comme une participation à une force divine : la sexualité est à la fois bonne *et* redoutable. En attestent les violences, viols, incestes, adultères, passions fatales et crimes divers. C'est donc le réalisme qui doit primer en la matière et non une troublante idéalisation.

Ensuite, le texte biblique prend la sexualité très au sérieux, contrairement à certains peuples environnants, dont les Grecs, chez qui régnait un relativisme tranquille à condition de faire partie des plus forts ! La Bible a globalement horreur des mélanges : elle recommande donc d'éviter la confusion entre les générations, les genres, les épouses, la vie et la mort. Denis Vasse[22] ira jusqu'à dire que la perversion ainsi dénoncée, c'est la confusion, littéralement « voie de traverse » entre vérité et mensonge, entre les générations, les sexes.

Enfin, la troisième direction vers laquelle la Bible oriente la sexualité sera celle de la personnalisation : la personne, c'est l'unique, donc l'unicité de la relation. Le texte, plutôt que d'interdire, préfère insister sur l'unité entre la sexualité, l'amour et l'alliance.

21. *Cf.* bibliographie.

22. *Idem.*

Soumettre la volupté à la maîtrise de la volonté était une façon de la rendre personnelle, voire spirituelle.

Notre époque préfère subordonner cette volupté à la relation amoureuse : l'impudique ou le désordonné de la sexualité n'est plus sauvé par la procréation, mais par l'amour. Toutefois, la question que posait Michel Foucault de savoir comment devenir sujet de sa sexualité reste d'actualité. Ni objet ni jouet, mais bien sujet !

Les balises

Les interdits bibliques semblent, en fait, servir de balises, de panneaux indicateurs vers trois zones d'humanité :

- l'appel à une véritable liberté, au sein de laquelle la personne ne veut pas se laisser dominer, et surtout pas par son corps ou ses hormones. La liberté, c'est bien plus *vouloir* ce qu'on fait et en être responsable que « faire ce qu'on veut » ;
- la valorisation de l'engagement de la personne dans tous ses gestes corporels, dans le cadre d'une cohérence entre l'échange mimé – comme mis en scène – et l'échange réel, existentiel ;
- la prise en compte de l'avenir de la sexualité et du nouveau dont elle permet l'émergence. Loin de la *compulsion**, il sera question de chercher d'une part l'alliance (comme si l'entrée de deux corps l'un dans l'autre correspondait à l'entrée de deux histoires l'une dans l'autre), d'autre part la fécondité, qui ne se résume pas à un enfant mais représente tout ce qui se construit dans la maturité et la stabilité.

Loin du permis ou du défendu, nous sommes confrontés à un regard sur notre humanité qui ne cherche qu'à nous proposer le meilleur en nous évitant ce qui, finalement, nous éloigne le plus de ce Dieu dont parle la Bible : la médiocrité.

Psychothérapie et sexologie

Le sexe, c'est souvent dans la tête. Si le problème est psychologique, le traitement doit s'adresser au psychisme. Les médicaments peuvent en la matière rendre de grands services, mais il est probable qu'on n'atteindra un résultat durable qu'en traitant la question à son origine. Les méthodes psychothérapeutiques sont nombreuses et aucune n'a le monopole du traitement des symptômes sexuels. L'important est de choisir un thérapeute expérimenté, dûment supervisé et reconnu par ses pairs.

La plupart des symptômes sexuels sont dus, en fait, à des problèmes « à conséquence » sexuelle. L'origine réside en effet la plupart du temps dans le champ psychologique ou relationnel :

- manque d'information ;
- insuffisance de permission ou de protection ;
- mauvaise estime de soi ;
- positionnement flou face au partenaire ;
- difficulté d'engagement ;
- proximité excessive avec la famille d'origine ;
- manque de confiance en soi ;
- identité sexuelle approximative ;
- mauvaise communication dans le couple ;
- traumatismes, deuils anciens ou récents.

Un peu de recul… et de hauteur !

Utilisons une comparaison quotidienne. Imaginez une personne qui constate une fuite dans son salon après chaque averse. En urgence, elle dispose une bassine au sol pour éviter une inondation. Peut-être sera-t-elle tentée de passer sur le plafond une couche d'enduit ou de peinture pour cacher les traces d'humidité. Même sans être bricoleur, on peut prédire que cette « réparation » ne résistera pas à la pluie suivante. On ne peut que conseiller à cette personne de grimper sur le toit pour réparer la tuile cassée. Le plus difficile sera d'installer l'échafaudage et de trouver la brèche sans casser d'autres tuiles en marchant. Ensuite, la réparation en elle-même ne sera pas très compliquée.

Le point crucial de cette métaphore est que la tuile cassée ne se trouve en général pas à l'aplomb de la fuite, mais plus haut sur le toit ! L'eau s'infiltre suivant un trajet mystérieux et vient s'accumuler au-dessus du salon. Autrement dit, le véritable « traitement » nécessite une compréhension plus large de la situation.

On perçoit aisément le sens de mon propos. Comme la fuite dans le salon, le symptôme sexuel n'est que la conséquence d'une difficulté qui se situe ailleurs : la tuile cassée plus haut sur le toit. Il faudra donc s'attacher à traiter l'origine de la souffrance pour en éliminer les effets. Un bon praticien de la psychothérapie sera ici à son affaire, et de bonnes connaissances, voire un diplôme en sexologie pourront éventuellement servir.

CHAPITRE 8

APPRENDRE À ÊTRE ET À PARTAGER

Au programme

- **Le creux et le saillant**
- **Les stades de développement du couple**

Dans la relation amoureuse, il semble que la sexualité célèbre la fusion, le fait de « ne plus faire qu'un » avec l'autre. On fait la liste de nos points communs, on agit et on ressent de la même manière, et l'on se rejoint dans un « acte » sexuel dans lequel on entre, pour ainsi dire l'un dans l'autre.

Alors, pour se rencontrer, faut-il être les mêmes, ou peut-on tolérer la différence ?

Le creux et le saillant

Le contact dans la différence

La différence est tout à fait nécessaire pour se rencontrer. Si on est « les mêmes », on se mélange, on ne sait plus qui est qui, et l'on est dans la fusion. Fritz Perls, le fondateur de la Gestalt-thérapie, disait : « Le contact, c'est l'appréciation des différences. » Percevoir cette différence peut apporter deux sensations :

- Une impression d'étrangeté, puisque nous découvrons ce qui n'est pas nous ! Cela ne nous est pas familier, et peut même être menaçant… Cela peut éveiller notre curiosité, et même nous séduire, mais nous avons à faire une sorte d'effort inconscient pour intégrer cette nouveauté que représente l'autre.

- La sensation d'être en relation. Le contact nous permet de sortir de la solitude, ouvre des passerelles vers l'extérieur et interroge notre désir d'« aller vers » ou au contraire de nous refermer, de nous défendre…

Les philosophes appellent « altérité » le fait que l'autre soit autre que nous. Et le rôle de l'altérité dans la relation est tout à fait fondamental. Si l'autre est identique à nous, nous ne faisons que nous regarder dans un miroir, mais s'il nous est complètement étranger, nous ne pourrons pas le reconnaître et nous ne ferons que nous méfier de lui. Alors, ni complètement identiques ni entièrement différents, nous voilà « autres » les uns pour les autres. Et radicalement « incomparables, et frères de l'être[23] ».

Une indispensable altérité

Certes, on peut penser que la similitude est un gage d'apaisement. Il est probable que l'on se sente mieux, plus tranquille, moins menacé, avec les mêmes que nous plutôt qu'avec des étrangers ? Hélas, l'autre, dans son altérité, est toujours étranger ! René Girard[24] l'a bien montré : c'est lorsque les différences s'estompent que la violence menace. Pourquoi cela ?

Dans l'hypothèse où les êtres humains ont par-dessus tout besoin de se sentir reconnus, alors tout ce qui ira dans le sens d'une indifférenciation risque de les faire basculer dans une confrontation violente afin d'enfin savoir qui est qui… autrement dit, qui est le plus fort. Voilà validée la loi du plus fort, mais la paix ne règne pas dans la jungle, tout juste un fragile équilibre dans lequel il vaut mieux être prédateur si l'on veut survivre.

23. *Cf.* Balmary dans la bibliographie.

24. *Cf.* Girard dans la bibliographie.

Il n'existe pas de recette miracle pour se sentir en paix avec l'autre. Simplement, si l'autre nous ressemble trop, cette similitude portera en germe une certaine violence. Reconnaissons la différence entre nous, « apprécions-la », comme dit Perls, et trouvons le moyen d'être complémentaires.

Enfin, sachons pardonner, car les conflits envenimés et non résolus peuvent exploser à chaque instant et détruire la relation.

Les différences complémentaires

Il semble donc que nous devions être à la fois complémentaires et différents. Demandons à plusieurs personnes de dessiner deux figures géométriques répondant symboliquement à cette exigence.

- Certaines des figures tracées sont complémentaires mais identiques, ou symétriques, c'est-à-dire qu'elles ne sont pas vraiment différentes :

Ou bien :

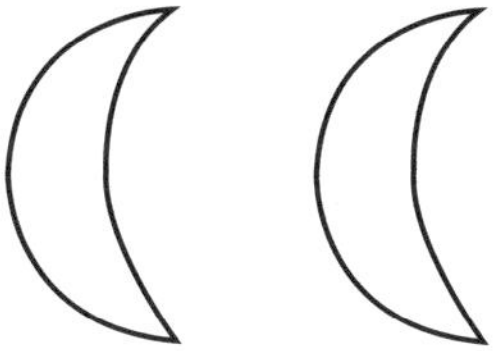

- D'autres sont différentes mais ne sont pas complémentaires, c'est-à-dire qu'elles sont simplement juxtaposables :

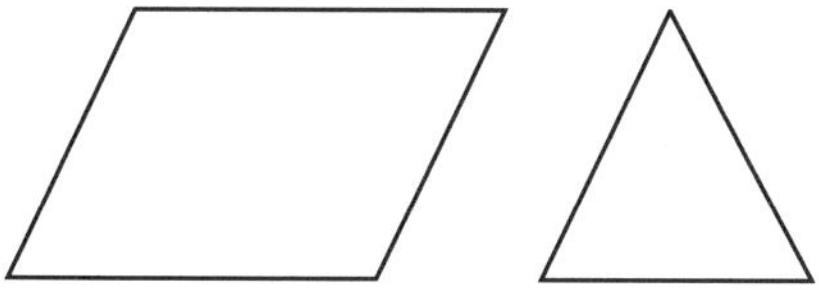

• D'autres enfin sont effectivement différentes et complémentaires :

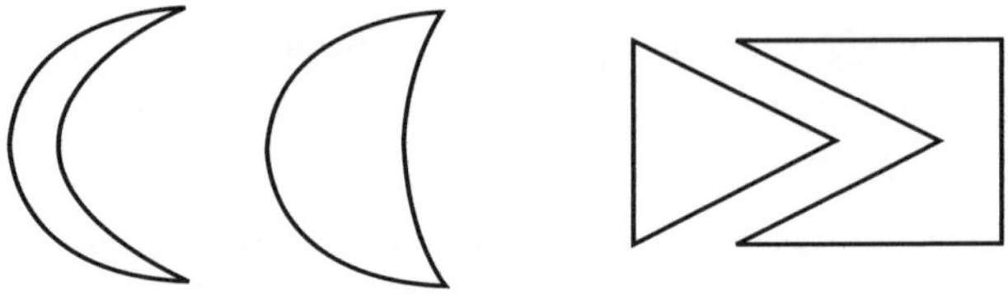

On observe toujours dans cette troisième série de figures (les seules qui correspondent à la consigne « différentes et complémentaires ») une structure « en creux » et une autre « saillante ». Les analogies sont nombreuses, et au-delà de l'évocation directement sexuelle de ces schémas, on ne peut passer à côté du fait qu'un « creux » va rencontrer un « saillant », et réciproquement. Symboliquement, ce creux est plutôt rapporté au féminin, à l'*anima* jungien. Parallèlement, le saillant sera plutôt masculin, en rapport avec l'*animus* du même Jung.

Même si une femme a des zones saillantes dans sa personnalité, elle abordera plutôt les autres et le monde à partir de son creux ; même si l'homme a des zones creuses dans sa personnalité, il abordera plutôt les autres et le monde à partir de sa zone saillante.

Réunion et fécondité

La rencontre amoureuse, le rapport sexuel serait donc la réunion de ce creux et de ce saillant. C'est une façon de le dire, mais on n'a pas fait le tour du sujet. Il ne s'agit pas d'enfermer chacun dans des rôles culturels étroits, mais de tirer parti des ressources de notre différence.

Que va-t-il advenir de ces deux éléments (creux et saillant) après le moment de la rencontre ? C'est là que les choses peuvent se gâter.

Le creux peut se refermer sur le saillant et se l'approprier, le manger (les psychanalystes évoquent volontiers le mythe, terrorisant pour les hommes, du vagin castrateur pourvu de dents acérées !) : le creux peut croire qu'il « possède » ce qu'il ne fait que contenir.

Le saillant peut prendre ses quartiers dans ce creux qui ne l'accueillait que pour un moment : il se montre envahissant et consomme tout ce qu'on met à son service, quitte à aller chercher ailleurs dès lors que ce qu'on lui fournit n'est plus aussi abondant qu'au début.

On le voit, les êtres humains ont également le pouvoir de se blesser et de passer à côté de la richesse que représente la complémentarité de leur différence. Cette richesse, c'est la fécondité ; elle nécessite un vigilant respect de l'autre autant que de soi-même, une confiance tranquille qui permet de s'abandonner à la vie sans se sentir menacé, et enfin le farouche parti pris de donner un sens à ce qui arrive.

Il existe d'innombrables formes de fécondité, qui ne sont pas forcément biologiques. La fécondité d'une relation procède de cette rencontre entre creux et saillant. Ce mot « procède » évoque ce que les Anglo-Saxons nomment *process*, un phénomène qui se déroule de façon imprévisible et grâce auquel le neuf émerge au fur et à mesure que le temps passe : il s'agit d'une création permanente.

Les stades de développement du couple

Il est clair que la relation de couple évolue et que chacun des partenaires change au gré de l'aventure. Mais peut-on repérer un cheminement particulier ou bien tout se passe-t-il au « petit bonheur la chance »... ou la malchance ?

Ce n'est pas une question de chance ou de malchance, et l'on a observé quelques constantes dans l'évolution de couples qui ont eu la possibilité de durer suffisamment. Chaque personne, chaque histoire, chaque couple est bien sûr unique, mais rien n'interdit de remarquer quelques repères dans leur évolution.

J'évoquerai pour cela les travaux des deux analystes transactionnels américains Ellyn Bader et Peter Pearson, publiés en 1983[25]. Ils sont partis de l'œuvre de Margaret Mahler et Louise Kaplan, qui se sont intéressées dès 1959 à la relation mère-enfant durant les trois premières années de la vie. Il découle de ces travaux l'idée que l'enfant normal se sépare de sa mère à travers une sorte de naissance psychologique. Bader et Pearson tentèrent d'appliquer ces données aux relations dans le couple, convaincus que, globalement, la croissance d'une relation de couple est analogue à l'évolution de la personne dans sa petite enfance.

Sans faire de ce modèle une loi absolue, force est de constater que les ressemblances sont frappantes.

La croissance de l'enfant

Margaret Mahler décrit six stades dans la croissance du petit enfant.

Autiste, jusqu'à 2 mois

L'enfant est plutôt centré sur ce qui se passe à l'intérieur de lui. Il ne fait pas de différence entre l'intérieur et l'extérieur de lui-même ni entre lui-même et les autres.

Symbiotique, de 3 à 6 mois

Le bébé continue à croire qu'il fait un avec sa mère. Vers cinq mois, son sourire devient spécifique, il se met en relation avec l'autre et commence à prendre conscience de lui-même.

Différenciation, de 6 à 9 mois

Le bébé se découvre lui-même : il se touche les doigts, les orteils, et s'écarte parfois de maman pour observer le monde.

25. *Cf.* bibliographie.

Expérimentation, de 10 à 16 mois

C'est le début de la marche, d'abord à quatre pattes, puis debout ! Il est passionné par l'apprentissage et apprécie d'agir sans sa mère, et ce qu'il aime par-dessus tout, c'est constater qu'il peut s'éloigner d'elle – mais pas plus de quelques secondes, le lien symbiotique n'est pas encore rompu…

Rapprochement, de 17 à 35 mois

Il est fait d'allées et venues que la mère a parfois du mal à supporter, car l'enfant a besoin d'elle, mais juste de temps à autre. Il alterne éloignement et retour, exigeant alors de trouver sa mère disponible.

Parfois, hélas, la mère se met en retrait quand l'enfant s'éloigne et ne l'accueille pas quand il revient, ou bien elle le materne sur un mode étouffant à son retour. L'inconvénient d'un tel processus est que l'enfant risque d'assimiler toute démarche d'autonomie à un risque d'abandon. Si, au contraire, cette étape se passe bien, l'enfant gagne une certaine constance émotionnelle.

Constance émotionnelle, à partir de 36 mois

Laissons la parole à Louise Kaplan : « La constance émotionnelle, c'est la conviction intérieure persistante d'être moi et personne d'autre. Quand elle prédomine, nous sommes capables de respecter et d'estimer l'individualité des autres. Nous continuons à les aimer même lorsqu'ils ne peuvent nous assurer d'une harmonie parfaite dans un amour inconditionnel[26]. »

L'évolution du couple

Il semble bien que chacun revive en couple ces stades de la croissance personnelle, auxquels Bader et Pearson ajoutent les stades d'interdépendance et de synergie.

---

26. *Cf.* bibliographie.

Le but est de négocier avec succès des virages qui déboucheront sur une relation satisfaisante pour tous, une relation interdépendante où chacun pourra s'exprimer et se sentir libre. Hélas, nombre de couples n'arrivent pas au bout de ce chemin. Dans un couple, il est difficile de passer d'un stade à l'autre, car il ne s'agit pas d'un bébé avec sa mère ! Chacun a son point de vue, ses désirs, ses attentes…

Pour que les stades évoluent en douceur, il est préférable non seulement que la relation de chacun avec ses propres parents ait été bénéfique, mais encore que la symbiose initiale du couple (la lune de miel) ait été féconde.

Les problèmes surviennent le plus souvent lorsque les partenaires se trouvent à des stades différents. Il semble que chacun doive gravir une échelle dont les barreaux seraient :

- autisme ;
- symbiose ;
- différenciation ;
- expérimentation ;
- rapprochement ;
- interdépendance ;
- synergie.

La difficulté consiste à monter parallèlement à son partenaire sans lui lâcher la main.

Tous deux en symbiose

Il arrive souvent que tous deux soient bloqués dans la symbiose : c'est le cas d'un couple qui ne s'est jamais quitté une seconde. Imaginez le drame si, d'aventure, l'un des deux, pour des raisons professionnelles, devait voyager seul !

D'habitude, la symbiose fonctionne sans problème pendant six à neuf mois. On accentue les ressemblances et on minimise les différences. Certains couples ne vont jamais au-delà de cet « amour fou » : dans ce cas, les frontières de chacun deviennent plus floues, la dépendance à l'autre se fait massive, la relation est plus entremêlée. Il est difficile d'entendre la partition des deux « je » dans la grande symphonie du « nous ».

L'un en symbiose, l'autre en expérimentation

L'un des deux se tourne vers le monde : l'harmonie du stade précédent est menacée. C'est une situation fatale pour de nombreux couples. L'un des partenaires veut s'engager dans d'autres activités, d'autres loisirs ; il se montre hostile à ce qui se passe dans le couple, un peu à la manière d'un enfant de deux ans qui refuse qu'on lui noue ses lacets. L'important est qu'il vive à sa manière et à son rythme. L'autre, resté au stade symbiotique, est nostalgique du paradis perdu et ne sait comment échapper à la douleur de la séparation. La situation est évidemment encore plus tendue si cette exploration du monde est « hard » (aventure sexuelle).

La solution réside théoriquement dans le soutien mutuel que les partenaires peuvent s'apporter sur le chemin de leur indépendance.

Tous deux en expérimentation

Ils donnent l'impression de cohabiter, comme deux étudiants sous le même toit. Parfois, le tableau prend une autre allure : chacun s'engage dans une terrible lutte pour le contrôle du pouvoir et refuse tout compromis au nom de l'affirmation de son identité.

Tous deux en interdépendance

Ce stade plus calme ne peut survenir que lorsque chacun a acquis sa constance émotionnelle. Ils n'ont pas « besoin » de la relation mais en font le choix. Assumant la responsabilité de leurs pensées, de leurs émotions et de leurs comportements, ils ne pensent même plus à blâmer leur partenaire. Ils se soutiennent mutuellement dans la réussite et savent gérer les brouilles, qui peuvent toutefois rester fréquentes entre eux.

Ils savent aussi bien décider que laisser décider l'autre, et peuvent avouer leurs craintes ou leur faiblesse sans que l'autre en profite dans une discussion future. La relation est pour chacun nourricière et pleine d'énergie. Les problèmes ne se posent plus en termes d'abandon ou d'envahissement.

Tous deux en synergie

Ceux-là développent ensemble un grand potentiel créatif. On les voit souvent s'engager au service d'une cause qui les dépasse. Ils témoignent qu'on reçoit plus en donnant qu'en réclamant pour soi et accueillent les différences comme autant d'occasions de découverte. Ayant dépassé nombre de blessures et de déceptions, ils ont établi un lien puissant : leur amour est réellement profond.

Les couples arrivés à ce stade ne sont pas très nombreux, mais sans doute plus qu'on ne le croit, et il serait opportun de les repérer ! Et si l'on en connaît, on peut souhaiter leur manifester notre admiration pour le chemin qu'ils ont parcouru. En ces temps troublés, ils peuvent donner de l'espoir à ceux qui ne rangent l'aventure conjugale que dans la rubrique « échec annoncé ».

C'est dans l'optique de cette aventure, déroulée dans le temps comme un long tapis, que la sexualité aura le plus de chances de trouver sa fécondité, y compris, pourquoi pas, dans la dimension érotique !

CHAPITRE 9

ÊTRE DIFFÉRENTS ET RESTER ENSEMBLE

Au programme

- **Une découverte permanente**
- **Le mythe de l'usure du désir**
- **Le *rapport* sexuel**
- **Les symboles**
- **La fécondité**
- **Le symptôme, avocat de notre fragilité**

Une découverte permanente

Le désir peut-il durer ?

S'il s'agit uniquement de ressentir un spasme voluptueux, l'acte sexuel perd bien vite de son attrait. S'il s'agit, au contraire, de s'écouter, de se laisser vibrer et de se mettre à l'écoute d'un autre que soi-même, alors l'aventure peut continuer longtemps.

Le désir est en rapport avec un manque, un creux ou un espace à découvrir. Tant qu'un être est vivant, il garde son mystère et offre à l'autre un chemin vers une *terra incognita* infinie.

L'approche humaniste de l'acte sexuel étant surtout symbolique, il est théoriquement toujours possible de se parler et de se découvrir par ce moyen et sans limitation de temps. Peut-être est-ce là l'origine de la voilette de la jeune mariée : elle est sans cesse à découvrir. Ce sera, pour son mari, la tâche de toute une vie de soulever le voile et de découvrir, dans les deux sens du terme, la personne dissimulée sous le tissu transparent de la pudeur féminine !

L'homme, quant à lui, peut-être moins mystérieux dans son essence, trouve sens à son désir en se découvrant à l'occasion de son chemin vers la subtilité de la féminité.

Charly, 59 ans, musicien

Au début, avec ma femme, tout ce que je voulais, c'était l'avoir. Cela peut sembler bizarre, mais c'est vraiment ce que je ressentais. Je voulais connaître toutes les zones de son corps, toutes les facettes de sa personnalité. Ce n'était pas consciemment pour la bloquer ou la mettre en prison. Je la voulais pour moi, en profiter pleinement. Au début, elle se plia à mon désir, mais très vite cela devint impossible.

En fait, elle n'était jamais la même ! Comme on dit, « on ne se baigne jamais deux fois dans le même fleuve », on ne fait jamais deux fois l'amour avec la même femme, même si c'est la même femme ! Du coup, j'ai compris que moi non plus, je n'étais pas le même que la fois précédente. On pouvait faire quelque chose de nouveau, qui soit réellement à nous, de nous, à condition d'être attentifs à des éléments très subtils de l'évolution de chacun.

Le bilan de tout ça, c'est que je n'ai jamais eu ma femme et que je ne l'aurai jamais ! C'est très rassurant, finalement !

On n'a jamais fait le tour de l'autre, car chacun se découvre au fur et à mesure que le temps passe, à condition de faire un sort à la routine. Mais cela est vrai pour toutes les activités humaines : qui s'épanouit dans une profession, une relation ou même un loisir routinier ? Comment ne pas tomber dans la routine ? En étant lucide, curieux, ouvert, tolérant et bienveillant ! Facile, non ?

Au début, ensuite, et encore ensuite !

On n'enlèvera facilement à personne l'idée que la sexualité, c'est surtout bien au début. Tous les témoignages concordent, à de rares et notables exceptions près : tôt ou tard s'installe l'habitude, voire la routine.

Alors, la sexualité, serait-ce seulement un rite d'*initiation*, comme on dit *initier* une relation ? Tout cela est fort complexe, et nous ne pouvons avancer que pas à pas. La sexualité a en effet une dimension érotique, mais aussi relationnelle, et souvent, au bout du compte, génitale. Plusieurs réflexions ou observations sont nécessaires pour y voir un peu plus clair.

La distance

L'érotisme active en nous une énergie très particulière, faite d'excitation mais aussi du sentiment trouble de ne pas savoir à quelle distance on est de l'autre. C'est donc une énergie qui émerge de cette alternance entre le proche et le lointain. Ce qui est inaccessible (le corps de l'autre, sa jouissance…) nous apparaît tout à coup comme si c'était à nous (les Espagnols, pour dire « je t'aime », disent *te quiero*, « je te veux » !), puis la distance augmente à nouveau et nous replonge dans notre différence, ou notre solitude. Et voilà le cycle qui recommence, proche, loin, proche, loin…

Le commencement

La sexualité commence très tôt, avant même d'être génitale, et bien avant d'être partagée avec l'autre dans un acte sexuel. Elle appartient en propre à la personne, plongeant ses racines dans son psychisme autant que dans ses réactions physiques : il y a une sexualité avant la rencontre, et il y en a parfois une après… Donc, le concept de « début » ne s'applique pas forcément à la relation avec cet autre-là.

Divers aspects

La sexualité peut se décliner en plusieurs aspects, exacerbés au début de la relation et qui évidemment s'estompent peu à peu.

- La découverte : de son propre corps et de ses réactions, du corps de l'autre… C'est l'exploration.
- L'intimité : il s'agit d'appartenir à une relation qui met les partenaires face à face et dans un certain dépouillement, comme la

nudité physique, mais aussi la dépendance. On est toujours dépendant de l'autre : demandez à l'épouse d'un éjaculateur précoce, ou au mari d'une femme sans attente sexuelle ! On peut d'ailleurs s'estimer aussi dépendant de soi-même et de ses propres réactions : l'érection ne se commande pas volontairement, l'orgasme ne se déclenche pas par décret.

- La gratification narcissique : on a l'impression d'être reconnu, apprécié pour qui on est. Il y a dans l'« élection » du partenaire sexuel un processus de choix, donc d'exclusion des autres, qui peut être grisant pour celui ou celle qui se voit ainsi choisi(e).

On peut comprendre que certains soient pour ainsi dire drogués à ce genre de situation, et qu'il leur faille sans cesse renouveler ces débuts leur apportant de si précieuses satisfactions !

L'émerveillement initial

On aimerait qu'il dure toute la vie, mais c'est impossible : on ne peut pas passer son temps à naître. La relation amoureuse célébrée par une sexualité heureuse et triomphante représente symboliquement une deuxième naissance : naissance à soi-même, à l'autre, à la fécondité de la relation. Mais une fois né, il faut grandir, évoluer. Le refus de cette évolution pousse à revenir rôder autour du lieu symbolique de notre naissance : le sexe de notre mère.

On voit alors certains alimenter la nostalgie du début, l'éternel regret du nirvana utérin. Incapables d'aller sur le chemin de leur vie, ils cherchent à éviter toute frustration et n'ont de cesse que de combler immédiatement tout désir, quitte à le voir disparaître comme une friandise trop vite avalée.

Alors comment interpréter ces mésententes, ces éloignements qui, avec le temps, finissent par lasser les amoureux et font de la pérennité conjugale un Graal aussi rare que recherché ?

Les problèmes étaient en germe dès le départ de la relation, mais l'enthousiasme du début les masquait ou les empêchait d'éclore. Imaginez que, quelques jours après avoir acheté une paire de chaussures, vous marchiez sur un clou. Il s'enfonce dans la semelle, mais elle est si épaisse que vous ne sentez rien : la pointe ne dépasse pas vers l'intérieur. Le temps passe. Vous marchez et marchez, si bien que la semelle s'use. Le clou, lui, est toujours là ! Sa pointe finira un jour par vous gêner, et même vous blesser. Pourtant, il ne se sera rien passé de spécial à ce moment-là : l'entrée de la pointe dans la chaussure remonte à si longtemps, et elle était passée inaperçue à l'époque…

Dans une relation conjugale, comme vraisemblablement dans toute relation prolongée, les difficultés préexistent dès la rencontre. Petit à petit, les mécanismes de régulation, d'apaisement spontané, disparaissent et cessent leur rôle de compensation.

Heureusement, ces blessures ne sont pas inéluctables, il est possible de les repérer et de les guérir !

Le mythe de l'usure du désir

Combattre la routine

Nous ne sommes pas condamnés à l'insupportable routine ! C'est sans doute la crainte de tous ceux qui hésitent à s'engager, comme s'ils allaient s'enfermer dans un éternel et lassant « toujours pareil ».

L'enthousiasme du désir peut-il revenir ? Oui, si l'enthousiasme et le désir sont toujours là ! Hélas, les blocages ne sont pas conscients, et il n'est pas possible de décider délibérément de vivre intérieurement de telle ou telle manière. Dans une relation au long cours, il est opportun de veiller à garder le cap. Voici quelques éléments qui peuvent servir à certains de boussole.

Un projet commun

Le projet de rester ensemble sous-tend la force de la cohésion du couple. Cette détermination n'est pas évidente, et nombre de personnes s'installent dans la séquence suivante : comme on est bien ensemble, on va rester ensemble. Pourquoi pas ? On va donc rester ensemble tant que « c'est bien » : ici, la trajectoire commence à se vriller, car cela signifie : « dès qu'apparaîtra une difficulté, on se séparera ». Et comme les difficultés finissent toujours par apparaître, la séparation est quasi programmée dès l'exposé des prémices. Cet inconvénient disparaît lorsque le but devient : « Du fait de notre projet de rester ensemble, nous allons repérer à temps les problèmes et faire en sorte de les résoudre au fur et à mesure ». Autrement dit, le projet commun prime sur le confort de la relation. Quel marin dira : « Certes, j'ai bien envie de traverser l'Atlantique, mais j'en ai assez de cette tempête qui me secoue depuis si longtemps : je vais rentrer au port et attendre une meilleure météo » ? Avec un tel raisonnement, il n'ira jamais bien loin et restera toute sa vie envieux de ceux qui ont réussi à traverser… contre vents et marées !

La sollicitude

Il est important de prendre soin l'un de l'autre. Cette sollicitude doit être suffisamment symétrique et mutuelle. Mais un piège guette, qui risque de faire disparaître tout désir : s'occuper de l'autre comme une mère ou un père (c'est différent) s'occupe de son enfant. On prend alors l'autre en charge de façon excessive. Cette pseudo-aide aura pour conséquence, par exemple, d'entretenir l'autre dans son malaise ou sa difficulté. Mais comment savoir quand on aide vraiment l'autre et quand on le prend en charge de façon abusive ? Voici quelques indices : quand on dit oui alors qu'on a envie de dire non, quand l'aide qu'on lui apporte aboutit à le bloquer ou l'inhiber, quand on continue à l'aider alors que l'aide qu'on apporte se révèle inefficace, et surtout lorsque, après coup, on se sent « vidé », frustré, voire en colère.

Des valeurs compatibles

Il est bon d'avoir des valeurs compatibles : sans forcément partager les mêmes exactement, il est important qu'elles puissent se correspondre, en tout cas ne pas se contredire gravement, à propos de l'éducation des enfants, de l'argent, du travail, de la gestion de la violence, de l'engagement, de la religion...

L'authenticité

La probabilité de rester ensemble est d'autant plus grande que l'on est proche et authentique. Cela veut dire être capable de chahuter, de faire l'amour, de se sentir complices dans de nombreuses situations, mais aussi de s'affronter et de dépasser les conflits. Être capable de se chamailler puis de se réconcilier est une capacité très précieuse si l'on veut vivre ensemble longtemps. Car dans l'expression « vivre ensemble », il y a « vivre » !

Un coup de canif dans le contrat ?

Cette expression délicieusement surannée désigne une relation extraconjugale de courte durée : il ne s'agit pas vraiment d'une liaison, mais un des partenaires est « allé voir ailleurs ». La formulation grammaticalement passive souvent choisie (« ça arrive ») reflète hélas la situation générale : « Ce n'est pas moi qui l'ai voulu ! Ça m'est tombé dessus ! »

Celui qui est allé se rendre compte *de visu* si l'herbe est effectivement plus verte dans le champ d'à côté dédramatisera le plus volontiers l'événement. L'autre, souvent blessé par l'aventure, aura du mal à faire bonne figure, et on le comprend bien. Mais cet événement a des conséquences bien différentes suivant l'époque considérée.

Avant 1968

À cette période préhistorique, les couples étaient le plus souvent mariés officiellement et les divorces assez exceptionnels. Une aventure extraconjugale pouvait, de ce fait, n'être « que » un coup de canif dans le contrat, puisque contrat il y avait : contrat de fidélité, ou en tout cas engagement de rester ensemble jusqu'au bout.

Les épouses pouvaient même demander à n'en rien savoir, prêtes à pardonner à l'avance ce qu'elles considéraient comme la rançon bestiale du besoin compulsif des hommes : à elles, la régularité, la présence chaque soir, la stabilité quotidienne, et une affection courtoise… à « l'autre » la passade entre deux portes, la relation sexuelle, certes, mais fugace et clandestine.

Certaines épouses s'accommodaient de ce partage, faisant ainsi la part du feu, ou tout au moins la part de la sexualité incontrôlable de leur mari. Elles gagnaient en stabilité ce qu'elles perdaient en intensité. Les hommes gagnaient en liberté mais ne pouvaient légitimement attendre de leur femme qu'elles se donnassent à eux avec un désir authentique : ils devaient bien sûr se contenter qu'elles accomplissent leur « devoir » conjugal.

Après 1968

Les relations extraconjugales furent multipliées, dédramatisées, encouragées, mais le désir ne se laissa pas si facilement apprivoiser.

Les relations sexuelles débridées furent à l'origine de liaisons multiples et durables, de jalousies épiques, de turbulences relationnelles dont tous firent les frais, et surtout les enfants, moyennement heureux de savoir leurs parents comblés sexuellement et parfaitement malheureux de les voir séparés.

Cette vision à l'emporte-pièce ne résume pas la totalité des situations, et la libération sexuelle n'a pas eu que des mauvais côtés. Mais à cette époque, le coup de canif dans le contrat risquait largement de se transformer en une déchirure incontrôlable, le moindre accroc se propageant irrémédiablement à l'autre extrémité.

La période actuelle

Les jeunes issus d'une génération qui a beaucoup divorcé ont l'espoir de pouvoir durer ensemble. Souvent déçus par le symbole du mariage, ils préfèrent cohabiter, se pacser, faire des enfants… tout mais éviter le mariage, décrédibilisé à leurs yeux par ce qu'en ont fait leurs parents.

La relation extraconjugale prend dans ce contexte un tour particulièrement dangereux : sans le « filet » que représente le soutien social apporté par le mariage (civil ou religieux), et avec la « pression », comme disent les sportifs, pour faire mieux que leurs parents (c'est-à-dire éviter le drame de la séparation). Le désir, mal contenu dans un projet peu symbolisé, risque de jouer les éléphants dans un magasin de porcelaine.

Non prévenus de ses dangers, ou ignorants de ses conséquences, ces jeunes risquent de relever un défi impossible : porter à bout de bras la responsabilité de ce feu dévorant et non spécifique.

Le *rapport* sexuel

La particule élémentaire de la sexualité

Il y a bien ici un *rapport*, c'est-à-dire un pont, une passerelle, mais aussi une relation, une analogie, l'occasion d'un contact. Cette expression évoque un lien entre les sexes, alors même que le sexe, étymologiquement, c'est ce qui sectionne, ce qui sépare, ce qui est différent.

Pourtant, Lacan disait : « il n'y a pas de rapport sexuel ». Il voulait dire : ce n'est pas dans le sexuel qu'il y a rapport, c'est à l'occasion de cette différence que le sujet advient et que la relation s'établit.

Cette problématique d'analogie peut se poser comme suit : comment être ensemble alors qu'on est différents ? Entre la fusion, qui mélange tout et tout le monde, et l'isolement rédhibitoire de chacun dans sa bulle, il nous faut trouver une médiation, c'est-à-dire un lieu qui soit à l'un et à l'autre sans résumer pour autant les deux.

Comment trouver ce qui nous unit (ce qui nous fait nous ressembler) au cœur de ce qui nous sépare ? Comment trouver ce qui nous sépare alors même que nous nous sentons unis, voire « un » ou, à tout le moins, les « mêmes » ?

La célébration de la différence

C'est là une pierre d'achoppement d'ordre psychologique : l'expérience subjective, parfois vécue et souvent recherchée, est plutôt d'ordre fusionnel, car on ne fait « plus qu'un » avec l'autre ! Sans doute faut-il alors faire appel au paradoxe qui consiste à ne découvrir un élément qu'aux confins de son contraire : c'est en approchant l'irréductible différence, la coupure des sexes, que le sentiment de fusion, d'appartenance commune, se fait fulgurance.

Plus prosaïquement, certains prétendent que la saturation des circuits neurologiques en rapport avec la volupté orgasmique provoque quasi automatiquement une régression à un âge précoce, à l'époque duquel la relation à la mère était effectivement et sainement fusionnelle.

L'amour est à flux tendu. L'élan vital est fait de désir. Sans désir, pas de vie, mais au bout du désir se tapit la mort, celle qui termine chronologiquement toute vie ou celle, prématurée, issue de la violence que le désir mimétique n'aura pas manqué d'engendrer[27].

Plus qu'un objet que l'on voudrait posséder, c'est la vie elle-même qui est désirable. Lorsque l'autre est transformé en objet, le désir de le posséder vient buter sur l'impossibilité de conserver alors la relation de sujet à sujet. Mais il est probable que, plus que l'autre lui-même, c'est la vie dont il est porteur qui est attirante : on désire un autre à hauteur de sa capacité à être vivant, à laisser la vie le traverser, à réagir à la vie qui nous traverse, nous.

Un flux perpétuel

La vie ne stagne jamais en nous, l'essence de la vie est flux.

Il n'y a d'amour que donné et reçu : on ne peut ni le stocker ni le considérer comme une marchandise ou un « bien » en soi, capable d'exister en dehors du moment où il sera utilisé, en dehors du contexte dans lequel il prend sa place.

27. *Cf.* Girard en bibliographie.

Énergie désirante, l'amour est en fait appelé à chercher un toujours plus qui ne se tarit jamais et désaltère sans délai l'assoiffé de vie. Lorsque l'amour n'est pas, ou plus, à flux tendu, on constate une accumulation de scories en amont ou en aval. Ces scories s'appellent ressentiment, nécessité de contrôler, utilisations abusives (par exemple pour se dévaloriser : « Il/elle n'en veut qu'à mon corps » – ou se survaloriser : « Personne ne peut me résister ! »). La capacité de pardonner s'englue alors, la relation s'encombre (comme un estuaire qui s'ensable) et le neuf est incapable d'émerger.

Lorsqu'il arrive, d'aventure, que la sexualité se fasse prendre dans de tels rets, nul ne s'étonnera qu'elle prête le flanc à ce qui la défigure : violence, appropriation, consommation sans limites, perversions…

Les symboles

La sexualité est symbole, elle a ses rites et ses mythes, aussi bien collectifs et sociaux qu'individuels et psychologiques. Faire l'amour, ce n'est pas seulement une pratique voluptueuse, mais un acte qui prend sens et colore la vie des êtres humains. Ces symboles sont pratiquement tous en rapport avec l'exploration des limites – et donc de soi-même, de façon réflexive. Car explorer sa propre frontière, c'est en même temps découvrir celui qui est au-delà de cette frontière, le non-moi.

Les risques possibles du maniement de ces symboles sont :

- leur inversion (en attachant par exemple l'acte sexuel à la « possession » de l'autre = je l'ai « eu/e ») ;
- leur suppression : il ne reste alors que le geste sexuel et la fugace jouissance du spasme, ouvrant la porte à une violence qui ne serait plus canalisée ;
- le maintien envers et contre tout de symboles morts, telles des coquilles vides, comme l'« obligation » de désirer son conjoint pour toujours et quoi qu'il arrive, ou encore de multiplier les partenaires pour se sentir exister…

La fécondité

Pas uniquement reproductive...

Tôt ou tard, la sexualité rencontre la question de la fécondité.

Prise au premier degré, il s'agira bien sûr de l'éventualité d'une grossesse, mais au bout du compte, même si la symbolique en est majeure, il est de nombreuses situations où la sexualité ne sera pas biologiquement fécondante. C'est une généralisation abusive que de n'accepter de parler de sexualité que dans ce cadre, et nombre de personnes se sont, à juste titre, révoltées contre une telle simplification.

C'est donc aussi la relation qui demandera sa part de « plus ». Ce sera là sa fécondité : en quoi, grâce à la sexualité, sera-t-elle « plus » créative, tendre, gaie, ouverte… En quoi les partenaires seront-ils « plus » sur le chemin de leur propre vie, plus aptes à développer leur capacité d'amour, de spontanéité et de lucidité[28] ?

Sexualité et fécondité : l'arbre de la fécondité biologique ne doit pas cacher la forêt de la fécondité de la relation. Cette fécondité fait naître la personne au cœur de sa nature humaine, l'installant comme homme ou femme et plus généralement comme sujet. Mais elle permet également la ponctuation d'un cheminement, par la germination des expériences, par l'accomplissement d'un devenir.

Si la fécondité de la relation n'est pas reconnue ou assumée, la sexualité, comme un nénuphar coupé de ses racines, flotte sur la vie, au gré des courants, et finit par se faner. Elle se déroule au présent, sans jamais rencontrer l'instant de l'essentiel.

28. *Cf.* Berne en bibliographie.

À l'écoute du corps

Il est nécessaire d'écouter et de respecter le corps qui dit oui, dans la jouissance, et le corps qui dit non, dans le symptôme. Il est l'indicateur fiable qu'il existe un problème :

- dans le positionnement des générations : trop proche de ses propres parents ou complètement investi dans la bulle avec un enfant ;
- par rapport au partenaire : trop lointain ou trop proche, au point d'avoir besoin de le prendre en charge ;
- dans l'histoire même de la personne : blessure, traumatisme, blocage dans la croissance psychologique.

Certes, quelque chose manquera alors dans l'acte sexuel, dans l'ordre du désir ou du plaisir, mais d'autres choses seront réussies. Le verre à moitié vide est aussi à moitié plein !

Le symptôme, avocat de notre fragilité

Le symptôme qu'est une difficulté sexuelle prouve que l'on a évité quelque chose inconsciemment considéré comme plus dangereux que tout, par exemple prendre le risque de se livrer, de se laisser voir ou de s'engager. En effet, « réussir » un acte sexuel, ce n'est pas seulement bien jouir, c'est aussi être acteur d'une situation aux conséquences souvent irréversibles. Elles peuvent être positives, dans le registre de l'attachement, ou dramatiques quand les conditions ne s'y prêtent pas (divorce à la suite d'une relation extraconjugale, par exemple). N'oublions pas non plus la fécondité biologique, même nuancée par la contraception, ni la menace des maladies sexuellement transmissibles.

Apprécier les différences, c'est à la fois les *repérer* et les *évaluer*. Personne n'aime buter sur une limite, mais personne ne sait non plus se construire sans aucune limite. Le symptôme sexuel fait partie de ces phares qui balisent l'itinéraire du navigateur et lui indiquent autant les écueils que le bon chemin pour s'en éloigner.

- On a réussi à délivrer un message : je ne suis pas celle/celui que vous croyez, je ne me sens pas à la hauteur de la situation. Notre corps parle alors à la place de notre bouche ! On n'est pas forcément très content de ce qu'il va transmettre, mais, au moins, lui ne ment pas. Et si une partie inconsciente freine, sabote ou traîne des pieds, il peut être opportun d'en tenir compte.
- On a pu se laisser entraîner dans une relation sexuelle, fût-elle prolongée, et garder une réserve, une réticence qu'on ne saura pas exprimer.
- On a réussi à prouver qu'on n'est pas une machine coïtale. On a résisté à la pression de la société, des copains et du partenaire. Tous ces gens qui pensent que, hors du coït, point de salut, que la moindre des choses est de fonctionner, de tourner rond. Dans ce monde obligé, les pénis se dressent aussitôt, les sexes féminins s'humectent et s'ouvrent, les cris de jouissance ponctuent chaque set de la partie ! Notre symptôme nous réhumanise, nous tire hors du monde glacé du sexe sous cellophane, retourné au service après-vente s'il n'a pas satisfait ! Nous sommes des hommes et des femmes, non des machines. Et c'est tant mieux.
- On a réussi à résister à une pression, à un conflit. C'est de la résistance passive, et c'est sûrement cher payé. Mais face à ce partenaire exigeant ou ce contexte familial étouffant, on a réussi à exister quand même ! Les autres ne sont pas satisfaits, ils nous font les gros yeux et nous envoient nous faire soigner… Mais nous, on sait que toute résistance a un prix et qu'ils ne « nous auront pas » !
- On a réussi à rencontrer sa limite ou celle de l'autre, et l'on peut en profiter pour se mettre en route. Toutes les aventures sont émaillées de moments de souffrance et d'exaltation. L'aventure de la sexualité n'échappe pas à la règle. Un symptôme sexuel, si gênant par ailleurs, permet aussi de dire : « Je t'aime, mais pas au point de… », ou bien « Je n'irai pas plus loin », ou encore « Ce n'est pas le bon moment pour moi », ou même « pas comme cela ». Dire sa limite et découvrir celle de l'autre, c'est la grande aventure de l'humanité.

Je souhaite terminer sur une perspective optimiste : il est toujours possible de s'en sortir, même s'il faut parfois revoir sa copie de fond en comble, c'est-à-dire revoir son positionnement face aux familles d'origine, guérir les blessures du passé, terminer les deuils, oser l'engagement, savoir dire non pour pouvoir dire oui !

GLOSSAIRE

Altérité : Elle caractérise ce qui est « autre », et pas seulement différent dans son aspect ou sa nature. Ce terme s'applique aux êtres humains qui, alors qu'ils ont de nombreux points communs, peuvent établir une relation les uns avec les autres sans se mélanger ni se confondre.

Analyse systémique : Approche thérapeutique considérant le sujet comme un membre d'un système qui l'entoure : groupe, famille, entreprise, société… Constituée à la suite des travaux de Gregory Bateson, dans les années cinquante, et développée par l'école de Palo Alto (Paul Watzlawick, Jay Haley, Don Jackson, etc.), l'approche systémique est particulièrement pertinente pour appréhender les problèmes de couple et de famille. Elle insiste, en autres, sur le concept de patient désigné *(voir ce mot)*.

Analyse transactionnelle : Élaborée par le docteur Éric Berne (1910-1970), l'AT est une théorie de la personnalité et des rapports humains applicable à de nombreuses situations : relations d'aide, psychothérapie, accompagnement de projet, coaching, enseignement, management, gestion de conflits, médiation, etc. Proche de la psychanalyse, dont elle est issue, elle intègre une dimension émotionnelle et comportementale. Elle insiste, entre autres, sur les concepts d'état du Moi *(voir ce mot)*. Pour l'analyse transactionnelle, la passivité veut dire plus que simplement « ne rien faire » : elle désigne le fait plus général d'éviter une responsabilité. La responsabilité évitée dans le cas présenté ici est celle d'assumer sa colère et de se positionner face à l'autre en lui demandant clairement ce qu'on attend de lui.

Angoisse de morcellement : Peur intense à l'idée de se voir en morceaux. Cette angoisse prend sa source au moment où l'enfant découvre peu à peu qu'il n'est pas la simple juxtaposition des parties de son corps. Ce sentiment d'unification intérieure est, au début, assez fragile, et l'enfant peut se sentir menacé d'éclatement. Lorsqu'une personne adulte est restée au stade fusionnel, cette angoisse peut ressurgir à l'occasion d'expériences déstabilisantes menant à une remise en cause d'un sentiment intérieur d'existence comme « être unifié ».

Anticipation négative : Sentiment de découragement associé à la pensée qu'on va échouer une fois de plus. Cette prévision initie un cercle vicieux, puisque l'état négatif dans lequel elle nous met rend probable un nouvel échec, qui viendra « prouver » que l'on avait bien raison de douter. L'anticipation négative est une sorte d'hypothèse autovalidante : elle semble confirmer une situation qu'elle a en fait participé à créer.

Bascule systémique : Concept issu de l'analyse systémique *(voir ce mot)* qui désigne le moment où un symptôme apparaît chez une personne à l'instant même où une autre personne du groupe (ou du couple) semble aller mieux. Cela s'explique par la nécessité de maintenir la stabilité du groupe (homéostasie) basée sur la prise en compte d'au moins une personne en souffrance.

Besoin : Attente peu ou pas négociable concernant un fonctionnement vital : respirer, bouger, manger, être touché… Il existe dans la sexualité une part de besoin, mais la vie sexuelle ne peut se résumer à cet aspect.

Blessure narcissique : Souffrance de la personne qui se rend compte qu'elle n'est ni la seule ni la première. Dépasser une blessure narcissique permet de grandir.

Bonne mère : Personnage idéalisé, parfaitement nourricier, jamais frustrant, plein d'empathie et de considération. D. Winricott a déculpabilisé une fois pour toutes les mères en précisant qu'une mère idéale n'existe pas et qu'il suffit qu'elle soit « suffisamment bonne » pour permettre la croissance de l'enfant. L'attente que le conjoint se conduise comme une bonne mère (même si c'est l'homme) est évidemment toujours vaine et donne lieu à de cuisantes déceptions.

Castration : Mot technique, issu du vocabulaire de la psychanalyse, qui désigne l'état provoqué par la frustration, l'intégration d'une loi extérieure à la bulle mère-enfant. Elle entraine la perte de l'illusion de la toute-puissance et provoque une blessure narcissique (*voir ce mot)* qui permet de continuer sa croissance. Si la blessure narcissique n'est pas dépassée, la personne peut tomber dans un sentiment d'impuissance.

Coït : Acte sexuel au cours duquel le pénis en érection pénètre dans le vagin. Par extension, le même mot peut désigner la sodomie *(voir ce mot)*, c'est-à-dire la pénétration du pénis dans l'anus. On précise alors « coït anal ».

Compulsion : Désigne le mouvement par lequel une personne agit sans pouvoir s'en empêcher. Cette impérieuse sensation intérieure doit être différenciée de la spontanéité, dans laquelle on garde intacte sa liberté d'agir ou pas.

Corps caverneux : Tissu situé dans la verge qui, en se gonflant de sang comme une éponge, provoque son allongement, son durcissement et son épaississement : l'érection. Le corps caverneux est entouré par une membrane inextensible, l'albuginée, qui permet la rigidité de la verge en érection.

Cunnilingus : Relation bucco-génitale au cours de laquelle le sexe féminin est embrassé ou léché par le ou la partenaire.

Désir : Énergie vitale qui pousse à s'approprier sa vie et tout ce qu'elle contient de voluptueux et de gratifiant. Le désir n'est pas spécifique et son versant « sexuel » est souvent fonction de la qualité de l'élan vital qui anime la personne. Le désir ne peut jamais être entièrement comblé, car, comme l'horizon, il recule au fur et à mesure qu'on s'en approche. À ne pas confondre avec envie et besoin *(voir ces mots)*.

Égocentration : Désigne le fait d'être centré sur soi, de vouloir se faire passer en priorité. Ce terme globalise moins la personne que le mot « égoïsme » et désigne plus un fonctionnement qu'un état d'être.

EMDR : Méthode de traitement des conséquences psychologiques des traumatismes. Découverte au début des années quatre-vingt, elle utilise les mouvements oculaires pour permettre une désensibilisation des traumatismes et le retraitement des informations. Les initiales signifient *Eyes Movement Desensitization and Reprocessing* (Intégration neuro-émotionnelle par mouvements oculaires).

Envie : Mouvement intérieur visant à chercher une gratification : douce, sucrée, amusante, excitante… Les envies sont négociables, car on peut en remplacer une par une autre. Elles sont importantes dans la vie sexuelle.

États du Moi : Ensemble cohérent de pensée, d'émotion et de comportement. L'analyse transactionnelle repère trois états du Moi : le Parent, qui recèle les valeurs et l'aptitude à donner protection ou permission, l'Adulte au fonctionnement intellectualisé en rapport avec l'ici et maintenant, et l'Enfant, archive vivante de l'histoire de la personne, gardant l'élan vital et les émotions. L'analyse transactionnelle propose de partager la personnalité en trois états du Moi : le Parent (qui donne des limites ou des encouragements), l'Adulte (qui observe, comprend, prévoit et résout les problèmes) et l'Enfant (la zone des émotions, de l'élan vital). Nous avons tous ces trois états du Moi à notre disposition, mais nous nous partageons parfois les rôles de telle sorte que l'Adulte est peu sollicité, alors que l'un est surtout « dans son Parent » et l'autre « dans son Enfant ». On a alors l'impression que l'autre nous parle comme à un enfant, ou que l'autre se conduit comme un enfant à réprimander. L'équilibre respectueux du couple homme-femme à parité de génération est alors bien loin !

Fellation : Relation bucco-génitale au cours de laquelle le sexe masculin est embrassé ou léché par le ou la partenaire.

Masturbation : Stimulation manuelle des zones sexuelles destinée à obtenir un orgasme. Souvent solitaire et pratiquée par la personne elle-même, la masturbation peut être reçue de quelqu'un d'autre et s'intégrer à d'autres jeux sexuels. Longtemps considérée comme culpabilisante, ou dénigrée comme le signe d'une sexualité adolescente, cette pratique sexuelle est désormais considérée comme sans danger et parfois même recommandée par les sexologues.

Orgasme : Exacerbation brutale de la sensation voluptueuse au cours du rapport sexuel. Pendant longtemps, on a opposé chez la femme deux sortes d'orgasmes, en fonction de leur point de départ anatomique : l'orgasme vaginal et l'orgasme clitoridien. On sait désormais que cette opposition ne recouvre pas une réalité clinique fiable. Chez l'homme, l'orgasme peut être aussi superficiel ou profond, et il est la plupart du temps accompagné de l'émission saccadée du sperme (éjaculation).

Parité : Caractérise ce qui est pair, c'est-à-dire au même niveau, sans préjuger d'une quelconque identité ni même égalité. Ce terme s'applique souvent dans cet ouvrage à la parité de génération.

Patient désigné : Terme issu de l'approche systémique, qui nomme la personne désignée par le système, y compris la personne elle-même, comme malade. L'hypothèse sous-jacente est que tout le système (groupe, couple, famille) est en souffrance et que la pathologie montrée par l'un de ses membres joue un rôle dans l'équilibre (homéostasie) du groupe entier. La guérison intempestive du patient désigné est souvent suivie de l'aggravation d'un autre membre du groupe, présumé sain jusque-là.

Période réfractaire : Période qui suit l'éjaculation durant laquelle l'érection est impossible. Ce délai peut être très court (quelques secondes) chez les hommes jeunes et s'allonge avec l'âge (jusqu'à plusieurs jours).

Permission : Message encourageant, dégageant l'espace qui va permettre d'avancer. Donner une permission, c'est dire : « Va, tu peux… », et c'est donc plus qu'une simple autorisation, qui n'est que le contraire de l'interdiction.

Positionnement : Reconnaissance de la distance qui sépare les éléments les uns des autres. Appliquée aux êtres humains, cette notion concerne les rapports qu'ils peuvent établir : seront-ils trop proches ? Trop éloignés ? Comment sont-ils relatifs les uns aux autres ? Sont-ils complémentaires, ajustés ou au contraire compétitifs et rivaux ? Une sexualité harmonieuse nécessite le bon positionnement des protagonistes.

Protection : Ensemble des limites qui permettent à un individu de grandir en sécurité. La protection peut être matérielle, psychologique, symbolique, sociale…

Renforcement narcissique : Consolidation de l'estime de soi. C'est souvent un préalable obligatoire pour progresser vers une sexualité heureuse.

Sodomie : Pénétration anale dans un contexte sexuel. Cette pratique a souvent une justification libertine, en majorité à la demande des hommes dans les couples hétérosexuels, mais elle est parfois utilisée dans un but contraceptif ou de préservation de l'hymen (virginité vaginale).

BIBLIOGRAPHIE

ALBERONI, Francesco, *L'Érotisme*, Paris, Ramsay Pocket, 1987

BADER, Ellyn ; PEARSON, Peter, « The developmental stages of couplehood » in *Transactionnal Analysis Journal*, XIII, 1 (traduction parue in *Actualités en analyse transactionnelle,* n° 34, p. 64, 1982)

BALMARY, Marie, *Abel ou la Traversée de l'Éden*, Paris, Grasset, 1999

BERNE, Éric, *Des jeux et des hommes*, Paris, Stock, 1984

BERNE, Éric, *Que dites-vous après avoir dit bonjour ?,* Paris, Tchou, 2012

BRÉCARD, France ; HAWKES, Laurie, *Le Grand Livre de l'analyse transactionnelle*, Paris, Eyrolles, 2008

BRENOT, Philippe (dir.), *Dictionnaire de la sexualité humaine*, Le Bouscat, L'Esprit du Temps, 2004

BROWN, Peter, *Le Renoncement à la chair*, Paris, Gallimard, 1995

DALENS, Pierre, « Troubles sexuels et conflits conjugaux » in *Cahiers de sexologie clinique*, n° 86, vol. 14, p. 31, 1979

DOLTO, Françoise ; DJERIBI-VALENTIN, Muriel ; KOUKI, Élisabeth, *La Libido génitale et son destin féminin*, Paris, Gallimard, 1996

DOLTO, Françoise, *Sexualité féminine*, Paris, Gallimard, coll. « Folio Essais », 1999

FUCHS, Éric, *Le Désir et la Tendresse*, Paris, Albin Michel, 1999

GIRARD, René, *La Violence et le Sacré*, Paris, Grasset, 1972

GIRARD, René, *Des choses cachées depuis la fondation du monde*, Paris, Grasset, 1983

GUILHOT, Jean ; GUILHOT, Marie-Aimée, « Crises du couple et couple en crise » in *Cahiers de sexologie clinique*, n° 87, vol. 14, p. 54, 1986

GUILLEBAUD, Jean-Claude, *La Tyrannie du plaisir*, Paris, Seuil, 1998

HAEGEL, Pascal, *Le Corps, quel défi pour la personne*, Paris, Fayard, 1999

HITE, Shere, *Le Nouveau Rapport Hite sur la sexualité féminine*, Paris, Robert Laffont, 2002

IDE, Pascal, *Le Corps à cœur*, Paris, Saint-Paul, 1996

KAPLAN, Louise, *Symbiose et séparation*, Paris, Robert Laffont, 1980

LACROIX, Xavier, *Le Corps de chair*, Paris, Cerf, 2001

LACROIX, Xavier, *L'avenir c'est l'autre*, Paris, Cerf, 2000

MARX, Christophe, « Besoin, désir, envie… et frustration » in *Actualités en analyse transactionnelle,* n° 27, p. 146-149, 1983

MARX, Christophe, *La Sexualité en quête de sens*, Paris, Empreinte Temps présent, 2003

VAN DEN BOSSCHE, Marie-Claude, « Passer du besoin au désir… Réflexion sur une pratique » in *Gynécologie et Psychosomatique*, n° 13, 1995

VASSE, Denis, *Le Temps du désir*, Paris, Seuil, 1997

WATZLAWICK, Paul ; WEAKLAND, John H. ; FISCH, Richard ; FURLAN, Pierre, *Changements, paradoxes et psychothérapie*, Paris, Seuil, 1999

PEFC/10-31-1316

Achevé d'imprimer : JOUVE
1, rue du Docteur Sauvé, 53100 Mayenne
N° d'imprimeur : 2162477Y
Dépôt légal : juillet 2014
Imprimé en France